MÜNCHEN

INSIDER-TIPP
Deine Abkürzung ins Erleben!

Reisen mit MARCO POLO Insider-Tipps

MARCO POLO TOP-HIGHLIGHTS

FRAUENKIRCHE ★1
Das gotische Wahrzeichen der Bayernmetropole, nach dem Krieg aufwendig und geschmackvoll renoviert (Foto)

➤ S. 32

RESIDENZ ★2
Im königlichen Bau und im dazugehörigen Residenzmuseum sind Pracht und Reichtum der Wittelsbacher allgegenwärtig

➤ S. 37

ENGLISCHER GARTEN ★3
Kilometerlange grüne Lunge der Stadt, die mit dem Eisbach auch die weltweit einzige Surferwelle mitten in der City zu bieten hat

Tipp: Hinauf auf den Monopteros und dann den Park mit Kirchturmspitzen im Hintergrund fotografieren

➤ S. 42

KUNSTAREAL MÜNCHEN ★4
Architektonisch und kunsthistorisch herausragend: der Königsplatz, die Pinakotheken und das Museum Brandhorst

Tipp: Seitlich der Pinakothek der Moderne steht ein kleines Ufo, der ideale Hauptdarsteller für ein Foto

➤ S. 44

VIKTUALIENMARKT ★5
Kulinarisches Herz der Stadt. Hier erlebst du die viel beschworene Münchner Gemütlichkeit hautnah

➤ S. 91

DEUTSCHES MUSEUM ★6
Eines der größten technisch-naturwissenschaftlichen Museen der Welt. Kinder wie Eltern vergessen hier schnell die Zeit

➤ S. 54

NEUES RATHAUS 7

Das neugotische Prunkstück ist gar nicht so alt, wie es aussieht, es wurde erst 1905 fertiggestellt

Tipp: Wer das Rathaus auf „Augenhöhe" ablichten will, besucht das Café Glockenspiel im 5. Stock gegenüber

➤ S. 31

ALLIANZ-ARENA 8

Zur Fußball-WM 2006 erbaut, auch heute noch das schönste Schlauchboot der Stadt

Tipp: Besonders hübsch in knalligem Rot leuchtet das Stadion bei sämtlichen Heimspielen des FC Bayern

➤ S. 65

BMW-WELT/ BMW-MUSEUM 9

Ein Muss für Autoliebhaber: das Erlebniszentrum und die Fahrzeugsammlung der Bayerischen Motorenwerke

Tipp: Von der Brücke am Mittleren Ring aus lassen sich „Kegel" und „Vierzylinder" perfekt kombiniert einfangen

➤ S. 61

OLYMPIATURM 10

Pflichttermin bei schönem Wetter. Oben angekommen, schaust du bis zu den Alpen und siehst, warum München den Beinamen „Millionendorf" trägt

➤ S. 63

INHALT

BESSER PLANEN MEHR ERLEBEN!

Digitale Extras
go.marcopolo.de/app/mue

⏲	Besuch planen	☂	Bei Regen
€–€€€	Preiskategorien	🐷	Low-Budget
(*)	Kostenpflichtige Telefonnummer		Mit Kindern
		⚑	Typisch

(🗺 A2) Herausnehmbare Faltkarte
(🗺 a2) Zusatzkarte auf der Faltkarte
(0) Außerhalb des Faltkartenausschnitts

DAS BESTE ZUERST

Der Himmel auf Erden: Monopteros-Tempel im Englischen Garten

BEST OF
BEI REGEN

SCHÖN, AUCH WENN ES REGNET

HOLLYWOOD IN MÜNCHEN
Ganz bestimmt sonnig wird die Welt an einem Regentag in den *Bavaria-Filmstudios* (Foto), wenn die Besucher mit Lissi im 4-D-Kino auf wilde Kaiserfahrt gehen oder im Visual-Effects-Studio selbst zum Filmstar mutieren.
➤ S. 61

STADTGESCHICHTE MULTIMEDIAL
Die *Dauerausstellung „Typisch München!"* im Münchner Stadtmuseum ist ein sehr gelungener multimedialer Rundgang durch die Jahrhunderte. Aber auch die Sonderausstellungen sind sehenswert.
➤ S. 38

SHOPPEN, SCHLEMMEN, SCHAUEN
Angesagte Geschäfte für Mode, Accessoires und Schuhe, dazu vielfältige Gastronomie. Vor allen Dingen ein junges Publikum schätzt die *Fünf Höfe* – nicht nur bei Schmuddelwetter. Auch künstlerisch ist dort mit Ólafur Elíassons schwebender Riesenmetallkugel was geboten.
➤ S. 91

KURZE WEGE ZUR KUNST
Mit 18 Museen wird es einem im *Kunstareal München* nie langweilig. Da kann es sogar tagelang regnen. Ob zu Fuß unterwegs oder mit der Museumslinie 100, beim nächsten Schauer sind die kurzen Wege zwischen den Häusern ein weiteres Plus.
➤ S. 44

AUF DEN SPUREN DES BRAUMEISTERS
Wenn du schon von oben nass wirst, warum dann nicht auch innerlich anfeuchten? Das geht prima bei einer Brauereiführung mit Bierverkostung, z. B. beim *Paulaner am Nockherberg* oder im *Giesinger Bräustüberl.*
➤ S. 70, 81

BEST OF LOW-BUDGET

FÜR DEN KLEINEN GELDBEUTEL

GÜNSTIGE MASS BIER

Der Nachtbiergarten im *Backstage* ist nicht nur was für nimmermüde Frischluftfans, sondern auch für durstige Sparfüchse. Die Maß Bier aus dem Hause Augustiner gibt's draußen an der *Tunnelbar* zum unschlagbaren Kampfpreis von 7,60 Euro.

➤ S. 108

OHREN- UND AUGENSCHMAUS

Das *Impark Festival* und der *Theatron Musiksommer* bescheren im Juli und August Gratiskonzerte auf der Bühne mitten im Olympiapark. Zusätzliche Zuckerl: diverse Fahrgeschäfte und Buden sowie der Beachclub mit Seeblick und Bergpanorama.

➤ S. 117

THEATER IM GRÜNEN

In einem römischen Amphitheater auf Naturrasen im nördlichen Teil des Englischen Gartens führt das *Münchner Sommertheater* klassische Stücke auf – kostenlos und in geselliger Picknickatmosphäre.

➤ S. 44

TANGO DRAUSSEN

Bei schönem Sommerwetter wird Freitagabend im *Dianatempel* in der Mitte des Hofgartens Tango getanzt (Foto). Du darfst jederzeit mitmachen! Ähnlich locker, spontan angesetzt und gratis sind auch die Gutwetter-Tangoabende zwischen den Säulen der Antikensammlung am Königsplatz.

➤ S. 35, 44

TRAININGSKIEBITZE

Zwar ist es für Touristen nahezu unmöglich, Tickets für ein Bayernspiel in der *Allianz-Arena* zu bekommen. Doch die Roten lassen sich zum Glück ja auch immer wieder mal beim Training an der Säbener Straße auf die Füße schauen – ohne dass dein Geldbeutel strapaziert wird.

➤ S. 115

BEST OF

MIT KINDERN

SPANNENDES FÜR GROSS & KLEIN

MINIFORSCHER IM MAXIMUSEUM

Draufdrücken ist Pflicht: Im *Kinderreich* im *Deutschen Museum* dürfen 3- bis 8-Jährige alles selbst in die Hand nehmen und naturwissenschaftliche Phänomene auf spielerische Art erfahren. Besonders aufregend: die Sondervorführungen am Flugsimulator und im Mikroskopischen Theater.

➤ S. 54

TIERE STREICHELN UND FÜTTERN

Harmonisch eingebettet in die weitläufigen Isarauen liegt der *Tierpark Hellabrunn,* in dem sich über 750 Arten tummeln. Bei Fütterungen, Nachttouren oder im Streichelgehege kommen Kinder den Tieren hautnah.

➤ S. 61

VIEL ERLEBEN, HOCH SCHWEBEN

Erlebnisse für kleine und große Wagemutige bietet die *Jochen-Schweizer-Arena* vor den Toren der Stadt. Kids können beim Bodyflying im Luftkanal schweben oder im Outdoor-Hochseilgarten erst Balance und dann Mut beim „Sky Jump" beweisen.

➤ S. 114

WASSERSPASS AM FLUSS

Eine riesige Grünanlage zum Toben und Spielen, ein 50 m langes Naturbecken zum Plantschen und dann noch im eiskalten Wasser der Isar schwimmen: Das *Naturbad Maria Einsiedel* verspricht in den Sommermonaten perfektes Freibad-Feeling.

➤ S. 114

IM UNTERWASSERTUNNEL

Auge in Auge mit dem Zebrahai, bunten Clownfischen und der Grünen Meeresschildkröte. Klein und Groß gehen auf Tauchstation und erleben im gläsernen Unterwassertunnel des *Sea Life* (Foto) mehr als 10 000 Fische, Krabben und Muscheln.

➤ S. 64

BEST OF

TYPISCH

DAS ERLEBST DU NUR HIER

BAYERISCHES FRÜHSTÜCK

Darf's ein echt münchnerisches Frühstück sein? Dann setz dich zu Einheimischen an einen Tisch in der *Gaststätte Großmarkthalle* und lass dir Weißwürste mit Brezn, süßem Senf und Weißbier schmecken. An Guad'n (Bayerisch für „Guten Appetit")!

➤ S. 79

PIAZZALEBEN

Ihrem Ruf als Bewohner der „nördlichsten Stadt Italiens" machen die Münchner alle Ehre und bevölkern an lauen Sommerabenden die zentralen Plätze ihrer Wohnviertel zum Flanieren, Plauschen und Relaxen. Südländisch-lebhaft geht's vor allem auf und um den *Gärtnerplatz* zu.

➤ S. 53

BIERGARTENTRADITION

An warmen Tagen zieht es die Münchner schon zur Mittagspause in den Kastanienschatten. Im *Biergarten am Chinesischen Turm* genießt du deine Maß bei Blasmusik von der Empore der 25 Meter hohen Holz-Pagode.

➤ S. 70

SURFER MITTEN IN DER STADT

Dieses einmalige Spektakel solltest du dir nicht entgehen lassen: Selbst in Australien kennt man die *Eisbachsurfer*, die bei Tag und Nacht, im Sommer und Winter, die Welle abreiten. Mutige leihen sich ein Brett von den Profis und gehen sicher baden (Foto).

➤ S. 43

RUHEOASE IM OLYMPIAPARK

Im Südteil des Olympiaparks findet sich ein skurriles Überbleibsel aus der Nachkriegszeit: die Ost-West-Friedenskirche, vom russischen Eremiten Väterchen Timofej aus Kriegschutt erbaut. Das idyllische Gärtchen rund um Münchens charmantesten Schwarzbau versetzt in eine andere Welt.

➤ S. 64

SO TICKT MÜNCHEN

Sommer pur: Badespaß am Schwabinger Bach im Englischen Garten

ENTDECKE MÜNCHEN

Lebensfrohe Münchner: Sonne und Kunst tanken beim Lenbachhaus am Königsplatz

Grüß Gott und Servus! Heute schon gehört? Na, dann bist du ja schon mal gut angekommen in der bayerischen Metropole und sprachlich südlich gepolt. Jetzt heißt es Augen aufmachen und Münchens junge, innovative, subkulturelle Seiten genauso entdecken wie klassische, traditionsreiche Orte. Lass dich nach Lust und Laune treiben und mach dir ein persönliches Bild von „Minga" und seinen lebensfrohen Einwohnern.

DER GRÜNDERGEIST LÄSST GRÜSSEN

Es hat sich nämlich eine ganze Menge getan in den letzten zehn Jahren. Die großen Weltkonzerne und den berühmten FC Bayern gibt es natürlich immer noch, aber hinzugesellt hat sich ein ganz neuer Münchner Gründergeist, der zahlreiche kleine Geschäfte, Kultur- und Gastrobetriebe hervorgebracht hat. Im-

1158 Herzog Heinrich der Löwe brennt die Freisinger Salzbrücke nieder und gründet damit die Stadt München

1255 Nach der Landesteilung verlegt Herzog Ludwig II. seine Hofhaltung nach München

1806 Bayern wird Königreich und München königliche Residenz- und Hauptstadt

12.10.1810 Die Hochzeit von Kronprinz Ludwig und Prinzessin Therese legt den Grundstein fürs Oktoberfest

1918 Revolution; Kurt Eisner erklärt Bayern zum Freistaat

mer mehr neue Manufakturen, Minibrauereien, Designerläden, Delikatessen und Getränke tragen heute das inoffizielle Gütesiegel „Made in Munich". München setzt auf lokale, nachhaltige Marken und Produkte – und die Münchner nehmen den Trend begeistert an. Lass dich inspirieren vom neuen Münchner Esprit, der die alten Vorurteile über die bayerische Hauptstadt („Laptop und Lederhosn") zusehends in den Schatten stellt. Vorausgesetzt, du steuerst nicht nur die touristischen Hotspots an, sondern lässt dich auf eine Entdeckungsreise ein. Denn jeder Stadtteil besitzt seinen ganz eigenen Charme, selbst benachbarte Viertel haben oft einen ganz unterschiedlichen Reiz.

VIERTEL MIT CHARAKTER

Angefangen mit der Altstadt, wo rund um den Marienplatz und den Alten Peter das Herz der Bayernmetropole schlägt. Von dort ist es ein Katzensprung in Münchens umtriebigstes Viertel rund um den Gärtnerplatz, das sich vom Kleinbürgerviertel zum modernen Quartier für solvente Künstler, Familien und die schwule Community entwickelt hat. In der Maxvorstadt und in Schwabing mischen sich dagegen Studenten, Kunstinteressierte und Bohemiens mit Shoppingtouristen. Den größten Wandel erfuhren in den vergangenen Jahren jedoch das Westend rund um die Schwanthalerhöhe oberhalb der Theresienwiese und Giesing: Im Westend siedelten sich viele Künstler und Kleingastronomen an, in Giesing lacht uns der Gegenentwurf zum sonst so schicken München ins Gesicht. Hier scheinen die althergebrachten Klischees über die bayerische Hauptstadt

1923 Der erste Putsch Adolf Hitlers scheitert blutig an der Feldherrnhalle

29.9.1938 Münchner Abkommen

1957 München wird zum Einwohnermillionär

1972 Austragung der Olympischen Sommerspiele

26.9.1980 Beim Oktoberfest-Attentat sterben 13 Menschen, über 200 werden verletzt

2023 Ein Fahrverbot für Dieselfahrzeuge in der Innenstadt verbessert die Luftqualität

nicht zu gelten. Wobei, eines lässt sich nicht leugnen: München war und ist schon immer vieles gleichzeitig, nur hat das Tempo der Veränderungen zugelegt: München ist traditionell und modern, schwarz und rot, FC Bayern und 1860 München, familiär und single, Großstadt und Provinz, Hightechbastion und Trachtenwerkstatt, Villenvorort und Glasscherbenviertel.

MEDIENMETROPOLE MIT TRACHTENTRADITION

Zwar darf das Klischee vom bärtigen Stammtischbruder im Wirtshaus und der mit Geld um sich werfenden Schickeria ruhig weiterleben, aber zunehmend gesellt sich zu diesem Bild auch das einer dynamischen, zukunftsorientierten Stadt, deren Jugend alte Traditionen wiederentdeckt – und neu für sich interpretiert. Ein gutes Beispiel ist der Wandel der Tracht: Viele junge Münchner gehen – vor etwa 20 Jahren noch unvorstellbar – heute in Dirndl und Lederhosen zur Wiesn. Darunter auch viele Neubürger aus der Medienbranche, auf die München immer noch eine hohe Anziehungskraft ausübt. Diese versuchen ihr Glück u. a. in einem der über 200 Buch- und Zeitschriftenverlage, die München zu einer der größten Verlagsstädte der Welt machen. Für Münchens Ruf als Medien- und Wissenschaftsstandort sind auch die Ludwig-Maximilians-Universität und die Technische Universität verantwortlich. Beide Unis gehören mit insgesamt rund 100 000 Studenten zu den führenden Hochschulen Europas, was auch für die Münchner Filmhochschule gilt, die bereits mehrere Oscar-Nominierte und -Gewinner wie Caroline Link und Florian Henckel von Donnersmarck hervorbrachte. Und auch Kino-Kassenschlager wie „Fack ju Göhte" kommen aus München.

GRÜNES MILLIONENDORF

Trotz aller Internationalität und Weltoffenheit trägt die Stadt ihren Beinamen „Millionendorf" nicht ganz zu Unrecht – doch es lässt sich ganz gut leben mit diesem Klischee: Wenn du bei deinen Spaziergängen die Hauptstraßen verlässt, wirst du Straßenzüge entdecken, die einen geradezu dörflichen Charakter haben. Falls das Wetter mitspielt, wirst du zudem feststellen, wie viele Münchner es nach draußen zieht – an die Ufer der renaturierten Isar, in die vielen grünen Stadtgärten oder auch nur für eine kurze Rast zur nächsten Parkbank.

In Zahlen betrachtet ist München aber dann doch nicht so klein, wie es manchmal wirkt: Die drittgrößte Stadt der Bundesrepublik hat die 1,5-Mio.-Einwohner-Schallmauer längst geknackt, Tendenz weiter steigend. Die Anziehungskraft der Stadt hängt mit der hohen Lebensqualität, den vielen Freizeitmöglichkeiten in Alpennähe und mit der gleichbleibend guten Wirtschaftsentwicklung zusammen. So ziehen jährlich mehr als 100 000 Menschen nach München. Aber auch der Babyboom spielt eine wichtige Rolle. Die Geburtenrate übersteigt die Zahl der Todesfälle seit einigen Jahren um etwa 5000 pro Jahr. Die Stadt sorgt in Anbetracht dieses Zuwachses schon mal vor und realisiert ein Bauvorhaben nach dem anderen: ein neues Wohnviertel in Freiham ganz im Westen, Wohnraum in ehemaligen Kasernen und das architektonisch beeindruckende Werksviertel hinterm Ostbahnhof, um nur einige Beispiele zu nennen. Auch der Bau der zweiten S-Bahn-Stammstrecke zwischen Leuchtenbergring und Laim ist ein untrügliches Zeichen für das Anwachsen und die Erneuerung Münchens.

BARS UND BEATS GEBALLT IM ZENTRUM

Erneuert hat sich München auch als Ausgehstadt. War in den Neunzigern das Nachtleben noch eher auf ausgelagerte Partykomplexe am Stadtrand verteilt, sind heute die wichtigsten Bars und Clubs mitten im Zentrum. Auch ausgediente Industriehallen oder Kraftwerke werden gerne mal für subkulturelle Zwecke oder Pop-up-Stores zwischengenutzt. Zwischen Sendlinger Tor und Maximiliansplatz flanieren nun Nachtschwärmer bis in die frühen Morgenstunden vorbei an Bars, Cafés und Clubs, in denen ausgiebig gefeiert wird. Ebenso groß wie das Party- ist das kulturelle Angebot in der Landeshauptstadt: Oper, Theater, Ballett und Literatur genießen nach wie vor einen hohen Stellenwert, besonders die Festivals – wie die Opernfestspiele, das Filmfest München oder das Tollwood-Festival – sind feste Größen im Veranstaltungskalender und locken Tausende Besucher an.

INSIDER-TIPP
Alles im Fluss

EINE STADT MIT VIEL HISTORIE

Auch kulturhistorisch hat München mit seinen steinernen Zeugen aus über 860 Jahren Stadtgeschichte viel Interessantes zu bieten. München wird 1158 das erste Mal urkundlich erwähnt, nachdem Herzog Heinrich der Löwe die da-

Lass dich an die Kette legen: Beim Oktoberfest ist das ein großer Spaß

malige Zollbrücke bei Freising zerstören und eine neue Brücke isaraufwärts in „Munichen" errichten ließ. Markt und Münze kommen hinzu, München ist damit gegründet. Ab 1255 hinterlassen die Wittelsbacher Spuren im Stadtbild, zunächst mit dem Alten Hof, später mit der Residenz und den Schlössern Nymphenburg und Schleißheim. Während des Spanischen Erbfolgekriegs haben die Österreicher hier kurzzeitig das Sagen und 100 Jahre später, im Jahr 1800, nimmt Napoleon München ein. Sechs Jahre darauf wird Bayern Königreich und München Sitz der Verwaltung. Nicht nur Luftschlösser baut schließlich König Ludwig II., der Märchenkönig, der heute noch von vielen Bayern verehrt wird: Schloss Neuschwanstein bei Füssen im Allgäu gehört zu den bekanntesten Sehenswürdigkeiten Deutschlands.

BEWEGTE ZEITEN IM 20. JH.

In der ersten Hälfte des 20. Jhs. spielt München keine rühmliche Rolle: Zwar startet Kurt Eisner hier 1918 die Novemberrevolution, doch wenig später wird München zur Hauptstadt der braunen Bewegung; als Ort der Gründungssitzung der NSDAP wählt Hitler das Münchner Hofbräuhaus. Während des Zweiten Weltkriegs wird die halbe Stadt zerbombt, aus den Trümmern entsteht nach und nach wieder Neues: Der Olympiaberg beispielsweise ist das Ergebnis einer jahrelangen Schuttanhäufung. Noch heute ist am Schauplatz der Olympischen Sommerspiele 1972, die auch aufgrund einer blutigen Geiselnahme in Erinnerung bleiben, ein großes Freizeitareal zu finden.

ABSAGE AN DIE GIGANTOMANIE

Die schrecklichen Ereignisse von damals waren sicher nicht der Grund, warum sich die Münchner gegen eine neuerliche Olympia-Bewerbung aussprachen. Es ist eher eine schwer greifbare Stimmung, die sich gegen weiteres Wachstum und Gigantomanie wendet. So stimmten die Einheimischen nicht nur gegen eine Austragung der Olympischen Winterspiele 2022, sondern auch gegen die dritte Startbahn am Münchner Flughafen. Trotzdem ist die Diskussion darüber noch im Gang. Typisch für München: Über Politik wird gern ausgiebig gestritten.

BIO UND FAIRTRADE HOCH IM KURS

Ein klarer Trend ist auch nicht vom Tisch zu wischen: Zunehmend mehr Münchner stehen auf „grün", wenn es um faires Einkaufen, Bioprodukte und Umweltdenken geht. Ins Zentrum dürfen nur noch Autos mit der richtigen Plakette, und geradelt wird im gut ausgebauten Wegenetz – es ist mehr als 1200 km lang –, wann immer es geht. Natürlich spielt dabei auch das überwiegend gute Wetter eine entscheidende Rolle. Nach Feierabend sich noch schnell aufs Fahrrad schwingen und in den Biergarten radeln – das gehört zur Münchner Lebensart einfach dazu. Wie wär's? Schnapp dir doch auch ein Leihrad und fahr mitten rein ins süße Münchner Leben.

AUF EINEN BLICK

1.580.000
Einwohner

davon 138.000 Studenten

8,8 MIO.
Touristen

pro Jahr mit 18,3 Mio. Übernachtungen

41 JAHRE
Durchschnittsalter

Jüngste Großstadt Deutschlands

310,17 km²
Fläche

Köln: 405,2 km², aber nur 1,07 Mio. Einwohner

WIESN-BESUCHER
ca. 6 MIO.
pro Jahr

Cannstatter Wasen: ca. 4 Mio.

SONNENSTUNDEN
1843

Hamburg: 1645 pro Jahr

ARBEITSLOSENQUOTE
3,8 %

Berlin: 8,8 %

32 MEISTERTITEL

hat der FC Bayern München gewonnen. Hertha BSC: 2

ALTSTADT-LEHEL

Kleinster Stadtbezirk mit 20.960 Einwohnern

1,5 MIO. FAHRRÄDER

740.000 zugelassene Autos

US-AMERIKANER
Spitzenreiter bei den Top 10 der ausländischen Wiesn-Besucher

MÜNCHEN VERSTEHEN

DIALEKTISCH GUT

Ja, Sacklzement zefix! Wer spricht denn überhaupt noch waschechtes Münchnerisch, also eine Art „gutbürgerlich verfeinertes" Oberbayerisch? Der Franz Beckenbauer etwa? Na ja, nennen wir's mal hochdeutsch eingefärbtes Münchnerisch, was der Fußballweltmeister so alles von sich gibt. Auch wenn Mundartsprecher schon längst nicht mehr als hinterwäldlerisch und ungebildet gelten, sehen Sprachforscher diese Variante des Mittelbayerischen durch den starken Zuzug bedroht. In der Tat: Pro Jahr begrüßen die Münchner im Schnitt etwa 50 000 deutsche Staatsbürger und ungefähr 70 000 Ausländer als neu „Zuagroaste" in ihrer Stadt. Nicht viel weniger Münchner zieht's Jahr für Jahr in die große, weite Welt. Wie soll da das Münchnerisch noch in aller Munde sein? Kleiner Trost: Das im restlichen Freistaat durchaus noch verbreitete Bayerisch und damit auch seine münchnerische Variante ist laut Umfragen seit Jahren der beliebteste deutsche Dialekt.

BIERGARTENFREUNDE

Ist es nicht herrlich, bei Sonnenschein unter einer schattigen Kastanie zu sitzen, eine kühle Maß Bier die Kehle hinunterrauschen zu lassen und dabei die Kieselsteine unter den Füßen zu spüren? Biergärten sind gelebte Freizeit und Freiheit, insbesondere die mit Selbstbedienung und der angenehmen Tradition, die Brotzeit auch von zu Hause mitbringen zu dürfen. Diese gastronomische Ausnahmeregel, ein Erlass von König Ludwig I., sollte einst verhindern, dass Biergärten eine Konkurrenz zu den Wirtshäusern darstellen. In der Bayerischen Biergartenverordnung von 1995 heißt es außerdem: „Biergärten erfüllen wichtige soziale und kommunikative Funktionen, weil sie seit jeher beliebter Treffpunkt breiter Schichten der Bevölkerung sind und ein ungezwungenes, soziale Unterschiede überwindendes Miteinander ermöglichen." Also: Hingehen und dem sozialen Miteinander eine Chance geben! Münchens ältester Biergarten (und einer der schönsten) ist übrigens der Augustiner-Keller. Er wird schon seit 1854 als Schankbetrieb geführt.

VOLKSMUSIK 2.0

Wahnsinn, wie die Leute zum Beispiel auf der Oiden Wiesn im Herzkasperlzelt abgehen, wenn junge Bands hier traditionelle Blasmusik mit Volldampf in die Moderne manövrieren und niemand dabei mehr stillsitzen kann. Volksmusik in der Update-Version ist in München seit ein paar Jahren schwer angesagt. Auf der Mission, die bayerische Folklore kräftig zu entstauben, befinden sich Combos wie G. Rag & die Landlergschwister, Django 3000, Kofelgschroa, Die CubaBoarischen oder die Jungs von LaBrassBanda. Sogar heimische Hip-Hop-Heroes wie Blumentopf oder Dicht & Ergreifend zeigen keine Berührungsängste mit

Maß halten? Na klar, im Biergarten fällt das nicht schwer

Blasmusik. Recht gut sortiert, was innovative bajuwarische Musik („Heimatsound") angeht, ist übrigens der *Gutfeeling*-Plattenladen in der Maistraße 1, Ecke Reisingerstraße.

SCHÖN GEFÖHNT

Vom warmen, trockenen Fallwind namens Föhn ist hier die Rede, nicht die von der warmen, trockenen Luftströmung aus einem Fön, der morgens jegliche Unterhaltung im Badezimmer unterbindet. Für viele Münchner ist aber auch der Föhn mit „h" ein Ärgernis und eine Art wehrloser Schwarzer Peter, wenn sie eine Ursache für ihre bohrenden Kopfschmerzen brauchen. Weniger empfindliche Zeitgenossen freuen sich dagegen über eine Föhnwetterlage, die für blauen Himmel und im Winter für plötzlich auftretende Frühlingsgefühle sorgt. Ein weiterer faszinierender Effekt ist die tolle Fernsicht. Bei Föhn also unbedingt einen erhöhten Aussichtspunkt aufsuchen, denn die Atmosphäre wirkt an diesen Tagen wie ein Vergrößerungsglas und holt die Alpen zum Greifen nah an die Bayernmetropole heran.

KLEIDERTAUSCH

Schnödes Shoppen inklusive Slalomlaufen in der Fußgängerzone ist ja so was von aus der Mode. Kleidertauschpartys und abendliche Flohmärkte mit Snacks, Drinks & Sounds sind die Alternativen der unkonventionellen Münchner Hipsterbräute und -bärte. Die Trendsetter fühlen sich durch Klamotten aus zweiter oder dritter Hand mehr geadelt als durch überteuerte Designeroutfits. Darum suchen sie sich ihre Schätze lieber auf Tauschpar-

So lässt es sich aushalten: Beachlife mit Bier am sonnigen Isarstrand

tys, die u. a. von *Green City (greencity.de)* organisiert werden. Auch die *Glockenbachwerkstatt (glockenbachwerkstatt.de)* lädt regelmäßig zum Kleidertausch ein. Fündig wird man zudem auf Nachtflohmärkten, die auf Namen wie *Midnightbazar* oder *Nachtkonsum* hören. Inzwischen gibt's sogar den reinen *Mädelsflohmarkt*. Hier können sich Girls only durch Kleiderstangen blättern, ihrer besten Freundin schnell mal die heißen Schuhe sichern und letzten Endes mit mehr Klamotten als geplant nach Hause gehen.

MINGA

Ist das jetzt ein Fall für das Unwort des Jahres oder schon Ausdruck von Hipster-Stolz auf München? Minga – für das städtische Unikum Petra Perle, die ehemalige Wirtin des Turmstüberls im Valentin-Karlstadt-Musäum und heutige „Strickliesl", bleibt es eine „verunglimpfende Wortschöpfung". Sie schwört „bei allen acht Uhren des Oiden Peter: Dieses Unwort bringt kein echter Münchner über seine Lippen." Nur aus dem Munde eines Niederbayern laute der Name der bayerischen Landeshauptstadt so. Mag sein, aber omnipräsente T-Shirts und Hoodies mit Aufschriften wie „Minga Oida" oder „Minga 089" oder auch die Messe „Made in Minga" sprechen da eine andere Sprache.

BIERHANDWERK

Ja, es gibt sie noch, die sechs waschechten Münchner Brauereien, nämlich Augustiner, Hacker-Pschorr, Hofbräu, Löwenbräu, Paulaner und Spaten. Dank eines eigenen Tiefbrunnens zählt neuerdings auch Giesinger Bräu dazu. Während Augustiner und Hofbräu noch eigenständig sind, bereichern die anderen Brauereien inzwischen die Bierpalette großer internationaler Brauereikonzerne. Trotz des im Rest der Welt eher lockeren Umgangs mit dem hiesigen Reinheitsgebot von 1487 halten sich die Münchner Brauereien noch strikt an das historische Gebot, nur Hopfen, Malz und Wasser und keinerlei Zusatzstoffe zu verwenden. Seit 1998 gibt es auch die eingetragene Marke „Münchner Bier". Inzwischen gesellen sich immer mehr mutige Mikrobrauereien dazu. Zur Abwechslung greifen folglich nicht nur Hipster inzwischen sehr gern zu ebenfalls originalem Münchner Gerstensaft von Craft-Beer-Marken wie Crew Republic, True Brew, Hopfmeister oder Hopfenhäcker. Außerdem wird am Tresen immer öfter über Aromenvielfalt, „IBU" (International Bitter Unit) und „IPA" (India Pale Ale) gefachsimpelt. Und sogar am traditionsreichen Nockherberg wird jetzt experimentell gebraut.

ISARFREUDEN

Münchens Wasserader verfügt zwar nicht über Uferpromenaden voller Cafés, aber die renaturierte Flusslandschaft mit ihren Weideninselchen und weißen Kiesbänken zieht die Münchner trotzdem in Massen an. Baden, Grillen, Strandbars, das Isarinselfest im September, das Isarforum mit dem Club *Blitz* auf der Museumsinsel – alles gute Gründe, die Isar aufzusuchen. Und vielleicht kommt bald schon ein weiterer Anlaufpunkt hinzu: Zur Diskussion stehen ein Flussbad mitten in der Isar, bis zu 1200 m lang und an der Museumsinsel gelegen, und schwimmende Badeflöße.

KLISCHEE KISTE

SCHICKIMICKIS

Ruhig ist es um die viel beschriebene Münchner Bussi-Bussi-Gesellschaft geworden. Uschi Glas ist keine junge „Apanatschi" mehr, und Roberto Blanco geht das Spaßhaben-Müssen auch auf den Nerv. Nachwuchskräfte – Bayern-Spieler, Bayern-Spießer, reiche Söhne und Töchter – halten das Schickimicki-Fähnlein zwar noch tapfer ins Blitzlicht, doch ihr Revier schrumpft. Das P1 hat sich von der Promi- zur Primanerdisko entwickelt, und das Pendeln zwischen H'ugo's und ABC Club macht auch keinen Uber-Fahrer überglücklich.

FUSSBALL = FCB

Der FC Bayern München ist als sogenannter Abonnementmeister weltweit bekannt – von den einen ge-, von den anderen verachtet. Diese One-Man(nschaft)-Show in der 1. Bundesliga lässt viele gern mal vergessen, dass München noch andere Vereine hat als die „großkopferten" Roten. Die weiter unten kickenden Löwen vom TSV 1860 München gerieren sich gerne als volksnaher Gegenentwurf, trotz ihres reichen Investors. Die Sechziger-Fans verputzen ihre Bockwurst mit Semmel im betagten Grünwalder Stadion mit der handbetriebenen Ergebnistafel. Bei 1860 ist halt manches noch wie 1960.

Im Werksviertel toben sich Sprayer aus und Start-ups tüfteln an Zukunftslösungen

TRACHTENSTOLZ

Vor 20, 30 Jahren konnte man noch ziemlich sicher sein, dass ein Lederhosenträger oder eine Frau im Dirndl waschechte Bayern sind, allerdings welche vom Land. Damals war die Tracht bei jungen Münchnern verpönt als ein Zeichen von Rückständigkeit. Heute begegnet man auf dem Oktoberfest sowohl dem Trachtenfan aus Wanne-Eickel als auch dem traditionsbewussten Gamsbartträger aus dem Oberland. Auch die Münchner haben ihren Frieden mit der Tracht geschlossen und tragen sie mit Stolz als eine Art Heimatbekenntnis zur Schau. Wenn sie auch im Alltag jenseits der Theresienwiese noch eher verhalten zum Einsatz kommt, schlüpfen geschätzte drei Viertel der Einheimischen für den Wiesnbesuch entweder in Lederhosen, Wadlstrümpfe und Haferlschuhe oder in ein Dirndl mit Miederbluse und Schürze.

NAH UND NACHHALTIG

Bei allen Schickimicki-Stereotypen muss eines mal betont werden: Viele Münchner sind vielleicht schick, gehen aber trotzdem gegen Gentrifizierung und Mietwucher auf die Straße, unterschreiben Volksbegehren für Bienen und andere gefährdete Arten und kaufen mit Begeisterung nachhaltige, lokale und fair produzierte Dinge. In der bayerischen Hauptstadt finden Messen mit regionalem Fokus („Made in Minga", „089 Spirits") oder mit ökologisch korrekten Lifestyle-Produkten („Greenstyle", „Autarkia" oder „Heldenmarkt") einen besonders guten Nährboden. Auch ortsansässige Webportale wie utopia.de und Stadtmagazine wie „Grün & Gloria" oder „Mucbook" zeigen, dass die Themen Umweltschutz und Nachhaltigkeit in München ganz weit vorne auf der Agenda stehen.

WEISSWURST-ZUZELN

Gern wird die Weißwurst in München als zweites Frühstück verzehrt, dazu wird traditionell statt Kaffee ein kühles Weißbier getrunken. Passt ja auch irgendwie besser zur Bierstadt München. Wer genau wissen will, was ihm da zwischen Messer und Gabel gerät: Die Weißwurst besteht überwiegend aus Kalbfleisch und wird mit Kochsalz, Petersilie und einer geheimnisvollen Würzmischung verfeinert. Man isst sie sanft erhitzt mit süßem Senf und in Begleitung einer Brezn. Über die korrekte Esstechnik gibt es geteilte Meinungen, die zu wahren Religionskriegen ausarten können. Dabei ist es ziemlich egal, ob man die Weißwurst nun längshälftig durchschneidet und das Innere herausschält oder ob man sie in die Hand nimmt, in den Senf taucht und dann „auszuzelt" (aussaugt). Hauptsache, sie schmeckt! Das tut sie heute auch problemlos nach dem 12-Uhr-Läuten, der modernen Kühltechnik sei Dank.

PLATZ DA!

München platzt aus allen Nähten! Die Wohnungsnot treibt die Menschen schon zu Demos auf die Straße. Da hilft keine Diät, sondern nur Platz schaffen. Eine der letzten innenstadtnahen Flächen, die für die Neuzeit und die Neubürger fit gemacht wird, ist das alte Kultfabrik-Gelände, getauft auf den Namen *Werksviertel-Mitte*. In dem Quartier, in dem früher Firmen wie Pfanni produzierten, entstanden und entstehen häuserreihenweise Büros, Showrooms, Wohnungen, Läden und Restaurants. Auch ein neuer Konzertsaal für die BR-Symphoniker ist geplant – Ministerpräsident Söder verordnete dem teuren Projekt aber eine „Denkpause". Besonders erfreuliche Ergebnisse des Baubooms sind das Werk 3 mit seiner imposanten Dachterrasse, das Werk 7 mit dem Musicaltheater und die kunterbunte Containerstadt an der Friedenstraße.

O'ZAPFT IS

Das ★ Oktoberfest, in München besser bekannt als die Wiesn, ist so etwas wie der weltgrößte kollektive Rauschzustand mit Rekordzahlen, die in Millionen Litern (Bier) und Hunderttausenden Stück (Hendl) notiert werden. Das erste Bier floss dort schon 1810 aus dem Holzfass. Ein Prosit auf den späteren König Ludwig I., der damals Prinzessin Therese von Sachsen-Hildburghausen heiratete. Über 200 Jahre später herrscht vor allem Freitag und Samstag auf der Wiesn ein wahrer Massenansturm. Dann werden die Bierzelte wegen des Andrangs meist schon nachmittags (Freitag) oder vormittags (Samstag) geschlossen. Übrigens: Das Oktoberfest findet wegen des besseren Wetters größtenteils im September statt. Nur der dritte und letzte Wiesn-Sonntag liegt stets im Oktober. Fällt er auf den 1. oder 2. Oktober, wird das Fest bis zum Tag der Deutschen Einheit verlängert.

SIGHT SEEING

„Millionendorf mit Herz" war lange nicht nur der Werbeslogan der bayerischen Landeshauptstadt, sondern spiegelte auch die allgemeine Stimmung wider. In den letzten 20 Jahren legte die Stadt aber einen Zahn zu. Nicht nur die Geburtenrate stieg rasant an, auch neue Stadtviertel und Kulturstätten entstanden, die Touristenströme erreichten neue Höchstmarken.

Heute wirbt die Stadt für sich mit „Einfach München" – was das aktuelle Lebensgefühl wieder zutreffend beschreibt. Trotz aller Rasanz und Großstadthektik erlebt und genießt du München am besten,

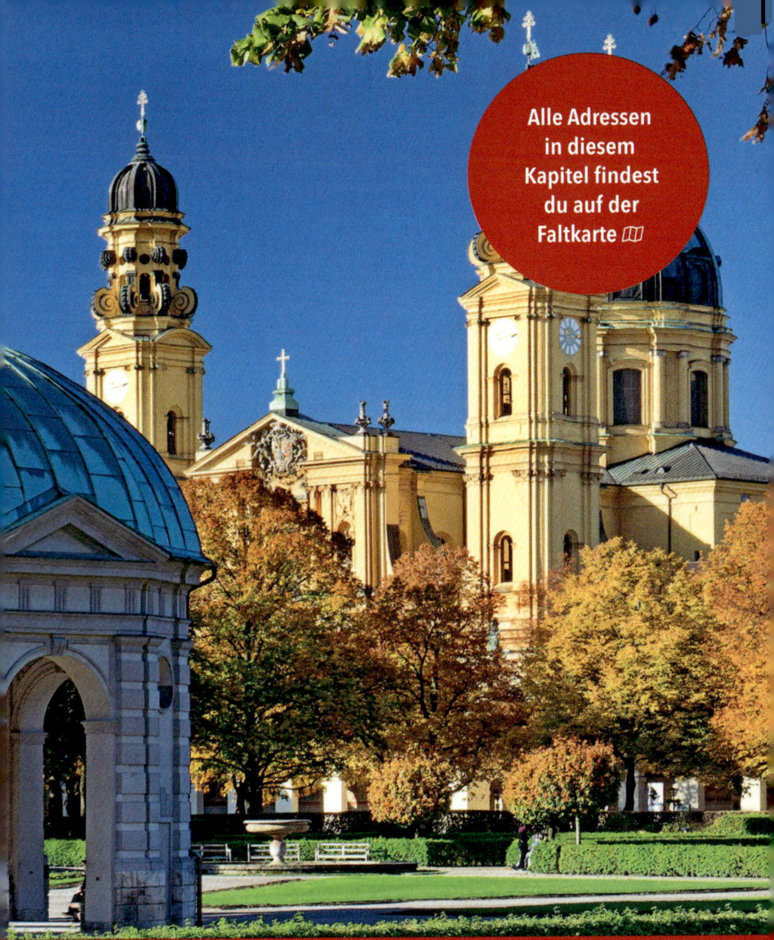

Auch bei Föhnwetter luftig und schattig: Dianatempel im Hofgarten

wenn du dich ein Stück weit treiben lässt. Ob für 24 Stunden, zwei Tage oder eine Woche, hetz dich nicht ab – obwohl das Angebot riesig ist. Angefangen beim Herz der Stadt, dem Viktualienmarkt und seinem bunten Treiben, bis hin zum Kunstareal, dem kulturellen Hotspot mit seinen 18 Museen und Ausstellungshäusern sowie über 40 Galerien und Kulturinstitutionen. Aber dies ist nur die eine Seite Münchens, die andere kannst du entdecken, wenn du nachts an der Isar abhängst oder gemütlich im Biergarten oder abseits der Touriströme mit dem Radl durch die City cruist.

DIE STADTVIERTEL IM ÜBERBLICK

MARCO POLO HIGHLIGHTS

★ FRAUENKIRCHE
Wahrzeichen der Stadt mit rätselhaftem Fußabdruck ➤ S. 32

★ RESIDENZ
Die Herzkammer Bayerns ➤ S. 37

★ ENGLISCHER GARTEN
Kühles Bier in grüner Oase ➤ S. 42

★ KUNSTAREAL MÜNCHEN
Museumsviertel rund um den Königsplatz und die Pinakotheken ➤ S. 44

★ DEUTSCHES MUSEUM
Für alle, die wissen wollen, warum wann was pufft, kracht und stinkt ➤ S. 54

★ SCHLOSS NYMPHENBURG
Höfische Barockpracht des Hauses Wittelsbach ➤ S. 57

★ ALLIANZ-ARENA
Fußballtempel und Museum der Superlative ➤ S. 65

★ BMW-WELT/BMW-MUSEUM
Futuristischer Bau, der Vergangenheit und Gegenwart der Traditionsmarke beherbergt ➤ S. 61

★ OLYMPIATURM
Bei Föhn reicht der Weitblick bis zu den Alpen ➤ S. 63

★ NEUES RATHAUS
Prachtvolles Gebäude mit berühmtem Glockenspiel ➤ S. 31

800 m
875 yd
Allianz Arena
MAXVORSTADT S. 44
Kunst, so weit das Auge reicht – und das mitten im umtriebigen Studentenviertel
SCHWABING S. 49
Frischer Wind und neuer Glanz im legendären Stadtviertel
BMW-Welt/
BMW-Museum
Olympiaturm
Leopoldstraße
Englischer Garten
Englischer Garten
Isar
LEHEL S. 40
Mix aus Kunst, Kultur und hoher Politik mit kurzen Wegen ins Grün
Kunstareal München
Residenz
Prinzregentenstr.
Haupt-
bahnhof
Frauenkirche
Neues Rathaus
ALTSTADT S. 30
Im Herzen
es Millionendorfs
Deutsches Museum
GLOCKENBACH/AU/
HAIDHAUSEN S. 52
Paris hat sein Montmartre, New York sein Greenwich Village und München sein Glockenbachviertel

ALTSTADT

Die Altstadt ist der Anziehungspunkt für Touristen aus aller Welt, die hierher strömen, um Münchens Wahrzeichen – von der Frauenkirche bis zum Hofbräuhaus – zu bestaunen. In direkter Nachbarschaft zu den Sehenswürdigkeiten im historischen Kern laden die großen Einkaufsstraßen zum ausgiebigen Shoppen ein.

Münchens Mittelpunkt ist der Marienplatz, um den sich die historische Altstadt entwickelte. Die Gegend rund um Diener-, Wein- und Theatinerstraße war früher Zentrum der Geistlichkeit und des Adels, was noch an den zahlreichen Kirchen, ehemaligen Klostergebäuden und herrschaftlichen Häusern zu erkennen ist. Wer in Richtung Sendlinger Tor geht, Münchens neuer Fußgängerzone, findet dort, wo einst Markthändler ihre Ware anpriesen, Flagship-Stores bekannter Marken. Die großen Einkaufsmeilen Kaufinger- und Neuhauser Straße, die auf den Stachus zulaufen, sind leider nicht mit architektonischer Eleganz gesegnet – Traditionshäuser und kleine Läden werden zunehmend verdrängt, die meisten Geschäfte sind Filialen großer Ketten. Um bayerische Lebensfreude und Eigenarten kennenzulernen, macht ihr am besten erst einmal einen Abstecher zum Viktualienmarkt. Hier trifft sich Gott und die Welt, und die Welt trifft München.

WOHIN ZUERST?

Zentraler Ausgangspunkt ist der **Marienplatz** *(📖 H–J7)*. Vom Hauptbahnhof sind es 20 Gehminuten zum Marienplatz, wo sich das Neue Rathaus befindet und Odeonsplatz und Maximilianstraße nur ein paar Meter entfernt sind. Wer lieber fährt: Sämtliche S-Bahn-Linien sowie die U 3 und die U 6 machen direkt am Marienplatz halt. Für Autofahrer empfiehlt sich das Parkhaus Oberanger 35–37 in der Nähe des Sendlinger Tors. Von dort ist der Marienplatz über die Sendlinger Straße in einem fünfminütigen Spaziergang zu erreichen.

1 MARIENPLATZ

Ja, es ist ein Schauspiel, das sich hier tagtäglich, um 11, 12 und von März bis Oktober auch um 17 Uhr wiederholt. Denn kurz bevor die Glocken läuten, schnellen die Köpfe und Kameras nach oben, um bloß nichts vom historischen Glockenspiel des Neuen Rathauses zu verpassen. Zudem ist Münchens geografischer Mittelpunkt rund um die Mariensäule auch Startpunkt zahlreicher Altstadtführungen. Kurfürst Maximilian I. ließ die Säule 1638 als Dank für den schadlos überstandenen Schwedenkrieg erbauen.

Ob Stadtgründungsfest, Christopher Street Day oder Wahlkampf, der Marienplatz ist eine „Bühne", die ganzjährig bespielt wird. Dazu gehören auch die Straßenmusikanten, Gaukler und Pantomimen, die hier, natürlich nur mit amtlicher Genehmigung, ihre Kunststückchen zum Besten geben.

Erster Anlaufpunkt in München: Vom Marienplatz aus eroberst du die Altstadt

Und wenn dich Geldsorgen plagen, geh zum nahen Fischbrunnen. Seit 1426 waschen hier die Münchner, samt Stadtrat, jedes Jahr an Aschermittwoch ihren Geldbeutel. Der Legende nach soll dies gegen leere Haushaltskassen helfen. *U/S-Bahnhof Marienplatz* | *c3*

2 NEUES RATHAUS ★

Dank der prachtvollen Gotik fühlt sich mancher hier zurückversetzt ins Mittelalter. Doch dem ist nicht so. Erst 1908 übergab der Grazer Architekt Georg von Hauberrisser den Stadtoberen ihr neues Zuhause. Im 85 m hohen Turm läutet zudem jeden Tag um 11 und 12 Uhr Europas viertgrößtes Glockenspiel, von März bis Oktober auch um 17 Uhr. Damit soll an zwei Großereignisse erinnert werden: das Hochzeitsturnier von Herzog Wilhelm V. von Bayern mit Renata von Lothringen (1568) und den Schäfflertanz. Waren es doch die Fassmacher, die mit ihrem Zunfttanz am Ende der Pestepidemie 1517 den Münchnern die Lebensfreude zurückbrachten. Der Schäfflertanz wird noch heute im Fasching, im siebenjährigen Rhythmus, live zelebriert (zum nächsten Mal: 2026). *Turmauffahrt tgl. 10–20 Uhr | 6,50 Euro, Kinder 7–18 J. 2,50 Euro | U/S-Bahnhof Marienplatz* | *c3*

3 ALTES RATHAUS

Kriege, Brände und andere Katastrophen forderten über sieben Jahrhunderte hinweg ihren Tribut und sorgten für einen steten Wandel des Bauwerks. Trotz allem blieb das Glanzstück des Hauses, das spätgotische Tonnengewölbe, samt Holzschnitzereien von Baumeister Jörg Ganghofer erhalten. In dem 1974 wiederaufgebauten Rathausturm befindet sich das *Spiel-*

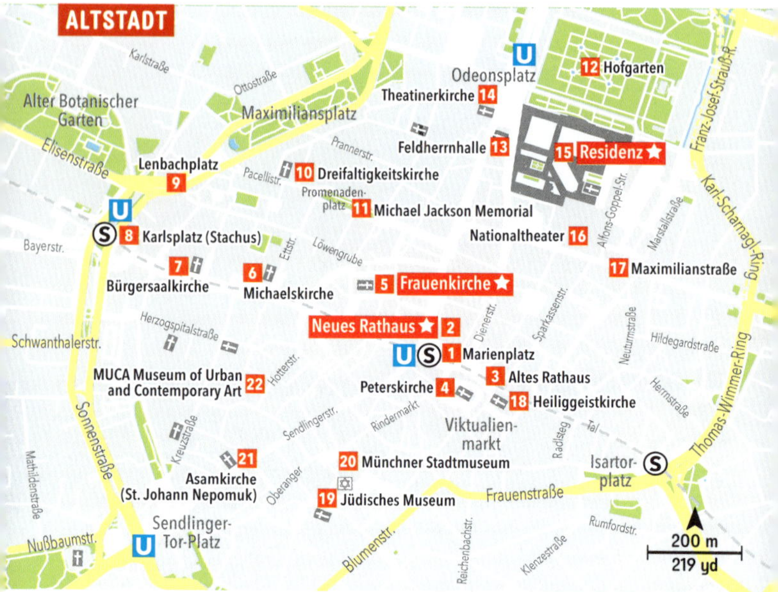

zeugmuseum, ein Paradies der Raritäten auf vier Etagen. *Tgl. 10–17.30 Uhr | 6 Euro, Kinder bis 17 J. 2 Euro | Marienplatz 15 | U/S-Bahnhof Marienplatz | 20 Min. | c3*

4 PETERSKIRCHE

Der „Alte Peter", so der Volksmund, fordert einem alles ab, wenn man Gott näher sein will und die 306 Treppenstufen erklimmen möchte. Von hier am Petersbergerl aus begann der Legende nach die Stadtgründung, womit klar ist, dass es die älteste Pfarrkirche Münchens ist. Der Turmausblick ist jedenfalls traumhaft und entschädigt für die vergossenen Schweißperlen. Innen erwartet dich eine interessante Kombination aus Romanik, Gotik, Frühbarock und Rokoko – und an Sonn- und Feiertagen prachtvolle Mozart- und Haydn-Messen. *Turmbesteigung April–Okt. tgl. 9–19.30, Nov.–März Mo–Fr 9–18.30, Sa, So bis 19.30 Uhr | 5 Euro | Rindermarkt 1 | alterpeter.de | U/S-Bahnhof Marienplatz | 20–30 Min. | c3*

5 FRAUENKIRCHE ★

Die Zwiebeltürme der Frauenkirche prägen Münchens Skyline wie kein anderes Bauwerk. Selbst vom Stadtrand aus sind die knapp 99 m hohen Turmhauben gut sichtbar und eignen sich so bestens als Orientierungshilfe. Das offiziell „Dom zu Unserer Lieben Frau" genannte Gotteshaus ist auch Sitz des Erzbischofs. Der wohl berühmteste war Joseph Ratzinger, vielen noch in Erinnerung als Papst Benedikt XVI.Selbst als noch unvollendete Kirche (1488) konnte das Bauwerk von

Jörg Ganghofer schon unglaubliche 20 000 Gläubige aufnehmen. Beeindruckend, wenn man bedenkt, dass München damals nur 13 000 Einwohner zählte. Knapp 40 Jahre später wurde der spätgotische Bau dann 1525 mit dem Aufsetzen der beiden Zwiebelturmhauben komplettiert.

Sagenumwogen: der schwarze Fußabdruck im Eingangsbereich, der sog. Teufelstritt – er soll von Luzifer selbst stammen. Ihre letzte Ruhe fanden hier viele bayerische Blaublüter wie Kaiser Ludwig der Bayer, dessen Prunkgrabdenkmal gern fotografiert wird. *Kirche Mo–Sa 8–20, So ab 8.30, Führungen Mo–Sa 11.30 Uhr, Treffpunkt Nordturmkapelle, Aufstieg und Lift zum Südturm Mo–Sa 10–17, So ab 11.30 Uhr | Südturm 7,50 Euro | Frauenplatz 1 | muenchner-dom.de | U/S-Bahnhof Marienplatz | 30 Min. | b3*

6 MICHAELSKIRCHE

Königstreue pilgern hierher, um Ludwig II. zu huldigen, der in der Wittelsbachergruft ruht *(Mo–Fr 10–12.30, 13.30–17, Sa bis 16.30 Uhr)*. Manche zweifeln allerdings daran, dass er hier liegt, genauso wie an der Legende, dass er ertrunken wäre im Starnberger See. Um den Bau zu realisieren, plünderte einer seiner Wittelsbacher-Vorfahren, Herzog Wilhelm V., die Staatskasse. Für Superlativ-Fans: Nach dem Petersdom besitzt St. Michael das zweitgrößte Tonnengewölbe weltweit. Auch das Konzertprogramm, zum Teil kostenfrei, ist beeindruckend. *Tgl. 7.30–19 Uhr | Neuhauser Str. 6 | st-michael-muenchen.de | U/S-Bahnhof Stachus | 20 Min. | b2*

7 BÜRGERSAALKIRCHE

Korrekt eigentlich der „Bürgersaal", aber seit der Hochaltar 1778 eingeweiht wurde, wird der Raum als Kirche genutzt und heißt auch so. Er ist nicht nur historisch interessant als ehemaliger Versammlungsraum der Marianischen Männerkongregation, einer jesuitisch geprägten Glaubensgemeinschaft von Priestern und Laien. Im Untergeschoss der im Zweiten Weltkrieg fast völlig zerstörten Kirche

Verlaufen? Dann such die Zwiebeltürme der Frauenkirche!

Knallbunter Schrein für den King of Pop: Michael-Jackson-Fans pflegen die Pilgerstätte

liegt Pater Rupert Mayer begraben, eine Identifikationsfigur des Münchner Widerstands gegen Hitler. Papst Johannes Paul II. sprach ihn 1987 selig. *Unterkirche Mo–Sa 10–17, So 14–17 Uhr | Neuhauser Str. 14 | mmk buergersaal.de/buergersaalkirche | U/S-Bahnhof Stachus | 20 Min. | a2*

8 KARLSPLATZ (STACHUS)

Der Stachus ist und bleibt einer der wichtigsten Verkehrsknotenpunkte der Stadt. Während unterirdisch im Minutentakt S- und U-Bahnen aus allen Richtungen einfahren, schlängeln sich oben Autokarawanen und Trambahnen über den Altstadtring und strömen Menschenmassen durchs Karlstor Richtung Fußgängerzone. Bereits um 1700 galt dieses Stadttor als wichtigster Einlasspunkt für den Handel. Dass der Karlsplatz im Volksmund Stachus heißt, geht auf den Wirt Mathias Eustachius Föderl zurück. Er betrieb dort, wo heute der Kaufhof steht, ab 1728 ein nach ihm benanntes Wirtshaus samt Biergarten. Ob Sushi, Veggie-Food, Coffeeshops oder Boutiquen, die Stachus-Passagen *(stachus passagen.de)* haben sich prächtig entwickelt. Du kannst auch unterirdisch weiterbummeln, da es eine Verbindung bis zur Schwanthalerstraße gibt. Für Erfrischung an Sommertagen sorgen die Fontänen des Stachus-Brunnens. Und im Winter gleiten hier Schlittschuhläufer zu Diskoklängen übers Eis. Apropos Disko: Der Stachus liegt inmitten der Partyzone zwischen Glockenbach und Lenbachplatz. *U/S-Bahnhof Stachus | a2*

9 LENBACHPLATZ

Das Herzstück des Platzes bildet der opulent gestaltete *Wittelsbacher Brunnen*. Vor allem nachts zieht das farbenprächtige Wasserspiel viel Publikum an. Für Nachteulen ist es sozusagen das Entree, wenn sie in einen der umliegenden Clubs – *ABC Alte Börse Club, Pacha, 089 Bar, Sweet Club* oder *Call Me Drella* – einlaufen. Im gegenüberliegenden *Künstlerhaus,* errichtet von Gabriel von Seidl, wird heute italienische Küche im Restaurant *L'Osteria* serviert, Steaks und Seafood stehen bei *The Grill* im Mittelpunkt. Der filigrane MINI Pavillon im Bauhausstil gegenüber wurde in den 1950er-Jahren als Showroom von BMW errichtet. Dahinter sorgt das *Herzog*, Restaurant und Bar, für reichlich Auflauf, auch dank der tollen Terrasse. *U/S-Bahnhof Stachus* | *a2*

10 DREIFALTIGKEITSKIRCHE

Eine typisch bayerische Gründungsgeschichte hat diese erste spätbarocke Kirche Münchens: Die Grausamkeiten des Spanischen Erbfolgekriegs als Schreckensvision für Münchens Zukunft vor Augen, gelobte die Kammerdienertochter Anna Maria Lindtmayr den Bau einer Kirche, auf dass das göttliche Strafgericht an ihrer Stadt vorübergehe. Bürger und Vertreter der Landstände waren so beeindruckt, dass sie an den italienischen Architekten und Hofbaumeister Giovanni Antonio Viscardi einen entsprechenden Auftrag gaben. So vereinen sich in der eigenwilligen Architektur mit ihren über Eck gestellten Säulen und dem prächtigen Deckengemälde von Cosmas Damian Asam italienische Dynamik und bayerische Ausdruckskraft. *Pacellistr. 6* | *U/S-Bahnhof Stachus* | *20 Min.* | *b2*

11 MICHAEL JACKSON MEMORIAL

Das hätte sich der Renaissancekomponist Orlando di Lasso auch nicht träumen lassen, dass zu seinen Füßen, besser gesagt am Sockel seines Denkmals am Promenadeplatz, eine Pilgerstätte für Michael Jackson entstehen würde. Scharen von Fans haben hier Fotos, Covers, Blumen und andere Jackson-Devotionalien fein säuberlich drapiert und erinnern unermüdlich an ihren „King of Pop". Zu Lebzeiten pflegte Jackson im gegenüberliegenden Hotel Bayerischer Hof zu übernachten.

INSIDER-TIPP **Ständchen für den König**

Am 25. Juni, dem Todestag des „King of Pop", singen Fans ihm zu Ehren seine Lieder. *Promenadeplatz* | *U/S-Bahnhof Marienplatz* | *b2*

12 HOFGARTEN

Diese grüne Oase ist ein Ort der Entspannung. Ob Boulespieler, Pärchen beim Picknick oder Ruhesuchende beim Sonnenbad – Kurfürst Maximilian I. hätte seine Freude daran, wie beliebt heute sein um 1617 erbauter Renaissancegarten im italienischen Stil ist. Im Park wird auch geswingt: An lauen Sommerabenden schweben Tänzer bei Tango, Salsa, M.Jive oder Swing über den Marmorboden des Dianatempels *(Mai–Sept. ab ca. 17 Uhr, Termine: tangomuenchen.de, msalsa.de, mjive.de, swingandthecity.de).* Beliebte Fotomotive: Staatskanzlei und Residenz. Auch der Kunstverein München *(kunstverein-muenchen.de)* ist hier angesiedelt. *U 3–6 Odeonsplatz* | *30 Min.* | *d1*

13 FELDHERRNHALLE

Die 1841 nach dem Vorbild der Loggia dei Lanzi in Florenz errichtete Säulenhalle sollte der bayerischen Armee ein Denkmal setzen. Am 9. November 1923 wurde Hitlers Putschversuch hier blutig niedergeschlagen. Nach der Machtübernahme 1933 mutierte die Feldherrnhalle zu einem Kultort der Nationalsozialisten. An der Ostseite brachte man eine Gedenktafel für die sogenannten Blutzeugen von 1923 an, die jeder Passant mit dem Hitlergruß ehren musste. Wer dazu keine Lust hatte, ging von der Residenzstraße über die Viscardigasse hinter der Feldherrnhalle in die Theatinerstraße und gelangte so ohne Hitlergruß zum Odeonsplatz. Bis heute kennt man diese Abkürzung unter dem Namen „Drückebergergasserl". 1945 wurde die Ehrentafel nach dem Einmarsch der Amerikaner entfernt. Heute dienen Odeonsplatz und Feldherrnhalle auch als Kulisse für zahlreiche kulturelle Highlights wie das sommerliche Klassik-Open-Air am Odeonsplatz. *Residenzstr. 1 | U 3–6 Odeonsplatz | 10 Min. | c2*

14 THEATINERKIRCHE

Die lang ersehnte Geburt des Erbprinzen Max Emanuel muss die Eltern, Kurfürst Ferdinand Maria und Henriette Adelaide von Savoyen, schwer erleichtert haben: Nicht nur, dass Papa der Mama zur Geburt Schloss Nymphenburg schenkte, das Paar ließ auch aus Dankbarkeit eine der schönsten Münchner Kirchen errichten und St. Cajetan (dem Gründer des Theatinerordens) weihen. Die Theatinerkir-

Nicht vorbeiradeln, sondern reinschauen in die schöne Theatinerkirche am Odeonsplatz!

che ist neben der Ludwigs- und der Frauenkirche eines der markanten Wahrzeichen der Münchner Skyline. Im Inneren sind der Hochaltar mit einem Mariengemälde des Rubens-Schülers Caspar de Crayer und die wunderbar gearbeitete schwarze Kanzel besonders imposant. In der Fürstengruft unter dem Hochaltar ruhen mehrere Wittelsbacher, darunter auch das Stifterpaar samt Sohn. Lass dir nicht die sonntäglichen Orgelkonzerte entgehen (teilweise mit freiem Eintritt). *Kirche tgl. 7–19, Fürstengruft Mai–Okt. Mo–Sa 11.30–15 Uhr | Theatinerstr. 22 | U 3–6 Odeonsplatz | 30–60 Min. | c2*

15 RESIDENZ ★

Es ist nicht bekannt, wie lange die früheren Bewohner benötigten, um von einem Ende ihres Stadtschlosses zum anderen zu gelangen. Um diese schier unfassbare Pracht heute wahrnehmen zu können, dauert es aber locker einen Tag. Der Grundstein für die Neuveste wurde 1385 gelegt. Seitdem ist diese stetig gewachsen und besteht aktuell aus drei Hauptkomplexen und sechs Innenhöfen. Architektonisch reicht die Bandbreite von der Renaissance über das Rokoko bis hin zum Klassizismus. Ein Muss: das *Residenzmuseum* mit Europas wertvollster Hofkunstsammlung. Am besten gleich die Kombikarte für Residenzmuseum und Schatzkammer *(14 Euro)* kaufen, so gibt's die königlichen Juwelen und Geschmeide glatt um vier Euro günstiger. Eigentlich schade, dass es keinen Hotelteil gibt, sonst könntest du nächtigen wie Königs und ganz ohne Zeitdruck durchs Schloss flanieren. *April–Mitte Okt. tgl. 9–18, Mitte Okt.–März 10–17 Uhr | Residenzmuseum 9 Euro, Schatzkammer 9 Euro | Residenzstr. 1a | residenz-muenchen.de | U/S-Bahnhof Marienplatz, Tram Nationaltheater | 2–3 Std. | c2*

16 NATIONALTHEATER

Der Hauptspielort der Bayerischen Staatsoper genießt weltweit einen hervorragenden Ruf. Kein Wunder. Dirigenten wie Clemens Krauss, Bruno Walter oder Georg Solti starteten von hier aus ihre Weltkarrieren. Und ehemalige Generalmusikdirektoren wie Wolfgang Sawallisch, Zubin Mehta und Kent Nagano setzten hohe Maßstäbe. Bayerns erster König, Max I. Joseph, der den Bau in Auftrag gab, wäre mächtig stolz. Zwar wurde der streng klassizistische Bau (1818) Opfer eines Brandes und der Weltkriegsbomben, aber beim Wiederaufbau folgte man stets dem Ursprungsplan, ein Theater nach Vorbild des Pariser Odéons zu bauen. Heute sind die Vorstellungen im prunkvollen Halbrund stets ausverkauft. Großes Plus: Der Operngenuss ist für „Jedermann" erschwinglich. Saisonhöhepunkt sind alljährlich die Festspiele im Juli.

INSIDER-TIPP Ope(r)n-air-Theater

Nachteulen aufgepasst: Von den Stufen der Oper aus hat das nächtliche Treiben rund um den Max-Joseph-Platz durchaus Schauspielcharakter. *Infos zu Führungen* unter *Tel. 089 21 85 10 25 | 10 Euro | Max-Joseph-Platz 2 | staatsoper.de | Tram Nationaltheater | c2*

17 MAXIMILIANSTRASSE

Als Maximilian II. diesen Prachtboulevard 1853 anlegen ließ, konnte er nicht ahnen, dass er sich zu Münchens teuerster Shoppingmeile entwickeln würde. Während Hofarchitekt Friedrich Bürklein auf Tudorgotik, italienische Spätrenaissance und französische Arkaden setzte, regieren heute Edelmarken wie Chanel, Hermès, Versace, Gucci & Co. das Straßenbild. Arabische Kreditkarten laufen hier schon mal ganz schön heiß.

Am östlichen Straßenende liegen die Residenz, das ehemalige Stadtschloss der bayerischen Regenten, sowie die Oper, sprich das Nationaltheater. Weitere kulturelle Hotspots: die Kammerspiele, das Museum Fünf Kontinente sowie das GOP Variete-Theater. Kulinarische Highlights setzen der *Brenner Grill* mit seinen tollen Sonnenterrassen, der sternegekrönte *Schwarzreiter*, das Aushängeschild des vornehmen Kempinski-Hotels Vier Jahreszeiten, sowie das *Spatenhaus an der Oper*.

Den majestätischen Abschluss des Prachtboulevards bildet, jenseits der Isar und Maximiliansbrücke, das klassizistische Landtagsgebäude, das Maximilianeum. Auf den Besuchertribünen findet sich immer ein Plätzchen, um den Politikern zu lauschen. *Tram, U/S-Bahnhof Marienplatz oder U 4/5 Lehel* | *d2*

18 HEILIGGEISTKIRCHE

Vermutlich 1208 als romanische Kapelle erbaut, wurde die Kirche nach dem Stadtbrand 1327 im Stil der Gotik neu errichtet, knapp 400 Jahre später verliehen ihr die Brüder Asam barocke Pracht. Die Fresken im Mittelschiff zeigen am linken Rand u. a. den Breznreiter, der im Mittelalter den armen Leuten Essen brachte. Viele Events, bemerkenswerte Kunst-Installationen. *Mo–Fr 9–20, Sa, So ab 8.30 Uhr | Prälat-Miller-Weg 3 | U/S-Bahnhof Marienplatz | 20 Min. | c3*

19 JÜDISCHES MUSEUM

In dem monumentalen Kubus nahe der Hauptsynagoge Ohel Jakob spazierst du durch Münchens jüdische Kultur und Geschichte. Auch bei den Wechselausstellungen ist jüdische Identität Thema. Ein Café und die Literaturhandlung teilen sich das Foyer. *Di–So 10–18 Uhr | 6 Euro | Sankt-Jakobs-Platz 16 | juedisches-museum-muenchen.de | U/S-Bahnhof Marienplatz | 1 Std. | b4*

20 MÜNCHNER STADTMUSEUM

Ganz ehrlich, dieses Museum muss man einfach gesehen haben! Ob in der Dauerausstellung „Typisch München!" oder in Sonderausstellungen zu Themen wie der Clubkultur oder den Olympischen Spielen 1972 – zwischen all den Exponaten spürt du den Puls der Stadt. Gut fürs Reisebudget: Die Kombikarte der städtischen Museen München (gültig für Jüdisches Museum, Münchner Stadtmuseum, Villa Stuck, Lenbachhaus, Valentin-Karlstadt-Musäum) spart bis zu 50 Prozent. *Di–So 10–18 Uhr | 4 Euro, ganzes Haus 7 Euro | Sankt-Jakobs-Platz 1 | muenchner-stadtmuseum.de | U/S-Bahnhof Marienplatz | 1–2 Std. | b3*

Davidsterne über Klagemauer: Die Synagoge ist Mittelpunkt des Jüdischen Zentrums

21 ASAMKIRCHE (ST. JOHANN NEPOMUK)

Eigentlich hatten sich Cosmas Damian und Egid Quirin Asam alles so schön ausgemalt. Die von ihnen 1733–1746 im Stil des Rokoko erbaute Kirche sollte ein privater Ort der Andacht für ihre Familie werden. Sogar mit Fensterblick vom Wohnhaus gleich nebenan auf den Hochaltar. Dumm nur, dass die Münchner da nicht mitspielten und die genialen Baumeister zwangen, auch ihnen den Zutritt zu ermöglichen. Was für ein Glück! Denn drinnen erwartet einen eine Pracht, die auch heute noch sprachlos macht. Architektur, Malerei und Stuck verschmelzen zu einem einzigartigen Gesamtkunstwerk. *Mo–Do, Sa, So 9–19, Fr ab 13 Uhr | Sendlinger Str. 62 | U 1/2/3/6 Sendlinger Tor | 20 Min. | b3*

22 MUCA MUSEUM OF URBAN AND CONTEMPORARY ART

Etwas versteckt liegt mitten in der Altstadt eines der spannendsten Museen der Stadt. Es ist das erste seiner Art in Deutschland und steht nicht ohne Grund gerade hier: Von München aus eroberten Street-Art und Graffitikunst Anfang der 1980er-Jahre die Republik. Über die hippen Ausstellungen hinaus erweitern Künstler-Talks, Lesungen, Führungen und außergewöhnliche Abendevents das Programm. Auch sehenswert: die von Kreativen aus der ganzen Welt gestalteten Räume im Kunstlabor 2 *(Dachauer Str. 90, kunstlabor.org)*, einer Zwischennutzung von denselben Betreibern. *Mi–So 10–18, Do bis 20 Uhr | 9 Euro | Hotterstr. 12 | muca.eu | U/S-Bahnhof Marienplatz | 1–2 Std. | b3*

LEHEL

Früher wohnten im Lehel Tagelöhner, die zu arm waren, um innerhalb der Stadtmauern zu siedeln. Heute sind die Altbauten saniert, die Fassaden restauriert, und der Stadtteil ist ein beliebtes Wohnviertel in zentraler Lage.

Du stehst auf Sprachwitz? Dann hat dir Karl Valentin was zu erzählen

Die meisten Besucher zieht es zur Prinzregentenstraße. Hier liegen das Haus der Kunst, das Bayerische Nationalmuseum und die Schack-Galerie besucherfreundlich in unmittelbarer Nähe. Wer der Prachtmeile Richtung Zentrum folgt, wird mit einem wunderbaren Blick auf die bayerische Staatskanzlei belohnt, dem ehemaligen Armeemuseum. Sie liegt gleich neben dem Englischen Garten, der hier im Lehel beginnt.

23 ISARTORPLATZ

Das *Isartor*, errichtet von Ludwig dem Bayern mit der zweiten Stadtmauer (1285–1347), bildet die Grenze zwischen der historischen Altstadt, der Isarvorstadt und dem Lehel. Als einziges mittelalterliches Stadttor ist es komplett erhalten. Seit 1959 ist der linke Flankenturm Heimat des *Valentin-Karlstadt-Musäums*. Eine Reverenz an den bayerischen Querdenker ist auch die Uhr am dritten Turm, deren Ziffern spiegelverkehrt angeordnet sind. Das kleine, gemütliche *Gasthaus Isarthor (tgl. | Kanalstr. 2 | gasthaus-isarthor.de)* links vom Tor, am Rand der Grünfläche, weiß mit frisch vom Holzfass gezapftem Augustiner, krosser, saftiger Bauernente und reschem Schweinsbraten und zu überzeugen. *S-Bahnhof Isartor* | *d3*

INSIDER-TIPP
Wirtshaus wie zu Königszeiten

24 VALENTIN-KARLSTADT-MUSÄUM

Im linken Flankenturm des Isartors ist Münchens lustigstes Museum untergebracht, eine Reminiszenz an den Volksschauspieler, Komiker und Autor Karl Valentin (sprich „Fallentin") und seine Bühnenpartnerin Liesl Karlstadt. Neben dem Nagel, an den Valentin seinen bürgerlichen Beruf hängte, und dem Winterzahnstocher mit Pelzbesatz ist in dem Panoptikum so manche skurrile Kostbarkeit, aber auch

eine fantasievolle Dokumentation damaliger Volksschauspielkunst zu sehen. Das Kino im 2. Stock zeigt Valentin-Filme. Gut zu wissen: Senioren über 99 Jahre haben in Begleitung ihrer Eltern freien Eintritt. Ein Abstecher ins *Turmstüberl,* ein Volkssängerlokal mit der Kaffeehauseinrichtung aus dem um die Jahrhundertwende legendären Café Größenwahn, lohnt ebenfalls. An ausgewählten Abenden gibt es Konzerte und Lesungen, an manchen Sonntagen finden Kindermatineen statt, bei denen auf Bayerisch Märchen erzählt werden. *Mo, Di, Do–Sa 11–18, So 10–18 Uhr | 2,99 Euro, Kinder ab 6 J. 1,99 Euro | Im Tal 50 | valentin-musaeum.de | S-Bahnhof Isartor | 45 Min. |* *d3*

INSIDER-TIPP
Purer Größenwahn

25 SANKT ANNA IM LEHEL

Das Gotteshaus war Bayerns erste Rokokokirche: Johann Michael Fischer errichtete das im Zweiten Weltkrieg schwer beschädigte und danach sorgfältig restaurierte Gebäude 1772. Er realisierte dabei eine neue Architekturidee: einen ovalen Zentralraum. Von den Gebrüdern Asam stammen der Stuck und die Gewölbefresken, die in mühevoller Kleinarbeit wieder dem Original nachempfunden wurden. *Sankt-Anna-Platz 5 | U 4/5 Lehel | 30 Min. |* *J7*

26 HAUS DER KUNST

Ein Vorläufer des neoklassizistischen Kunsttempels stand bereits um 1854 am Königsplatz. 35 Jahre später zerstörte ein Brand den riesigen Glaspalast, wo 1858 die „erste deutsche allgemeine und historische Kunstausstellung" stattfand. 1933 verlegte dann Hitler den Standort des Gebäudes an den südlichen Rand des Englischen Gartens, wo das „Haus der Deutschen Kunst" 1937 eröffnet wurde. In der Nazi-Zeit waren hier ausschließlich Kunstwerke der Blut-und-Boden-Ideologie ausgestellt. Nach dem Zweiten Weltkrieg änderte sich dies, und ab 1949 gaben ehemals verfolgte Künstler wie Kandinsky, Klee oder Picasso den Ton an. Heute weiß das Haus mit einem Mix aus zeitgenössischer Kunst, Design, Fotografie und Film zu überzeugen. Von den Ausstellungsräumen gelangt man direkt in die *Goldene Bar (Mi–Mo ab 12 Uhr, goldenebar.de)* mit großer Terrasse zum Englischen Garten hin. Die namengebenden Wandmalereien auf Blattgold im Inneren stammen von 1937. *Mo–Mi, Fr–So 10–20, Do 10–22 Uhr | je nach Ausstellung, ab 11 Euro, letzter Fr im Monat bis 22 Uhr geöffnet, ab 16 Uhr gratis | Prinzregentenstr. 1 | hausderkunst.de | Tram, Bus 100 Haus der Kunst | 1–2 Std. | J6*

INSIDER-TIPP
Modern Cocktail Art

27 BAYERISCHES NATIONALMUSEUM

Wer sich für bayerische und süddeutsche Kunst- und Kulturgeschichte interessiert, darf das Nationalmuseum auf keinen Fall verpassen. Es bietet gleich drei Museen in einem: vom kunsthistorischen (vor allem Skulpturen vom frühen Mittelalter bis zur Mitte des 19. Jhs.) über das kunstgewerbliche (darunter die umfangreichen Meißener und Nymphenburger Porzellansammlungen, Glasmalerei, Keramik, Gold- und Silberarbeiten) bis zum kulturhistorischen Museum (religiöse Volkskunde und Volkskunst wie die Bauernstuben, Masken und Hafnergeschirre). Weltweit einzigartig: die Krippensammlung mit ihren mehr als 6000 Figuren. *Di, Mi, Fr–So 10–17, Do 10–20 Uhr | 7 Euro, inkl. Sonderausstellung 12 Euro, So 1 Euro | Prinzregentenstr. 3 | bayerisches-nationalmuseum.de | U 4/5 Lehel, Tram Nationalmuseum | 1–4 Std. | K6*

28 ENGLISCHER GARTEN ★

Kommen wir gleich zu den Fakten! Man nehme den New Yorker Central Park zusammen mit dem Londoner Hyde Park, fälle ein paar Bäume, und der Englische Garten würde immer noch hineinpassen. Leider kommen die meisten Besucher nicht über das

Seehaus hinaus und verpassen so die wilde Seite des mit 4,17 km^2 größten Stadtparks der Welt. Zu verdanken haben die Münchner diesen Megagarten ihrem Kurfürst Karl Theodor, der 1792 seine Militärgärten in einen „Volksgarten" umwandeln ließ.
Am besten erkundest du den Englischen Garten per Fahrrad. Das Wegenetz umfasst knapp 78 km, aber du musst ja nicht alles abstrampeln. Von der Eisbachwelle am Haus der Kunst bis zum Aumeister sind es nur 7 km auf direktem Weg, wer diese Tour aber genießen möchte, nimmt sich die Zeit, um ein paar Hotspots zu besuchen.
Der ⚑ *Eisbach* baut sich am Haus der Kunst zu einer brusthohen Welle auf und fordert den River-Surfern alles ab. Ob im Sommer oder Winter, bei Tag oder Nacht, Münchens Eisbachwelle und ihre Brettlbezwinger haben sich zur Top-Touristenattraktion gemausert. Wesentlich ruhiger geht's ein paar Schritte weiter zu. Hier heißt es: Schuhe ausziehen und japanische Teekultur zelebrieren. Ort des Geschehens: das Japanische Teehaus *(urasenke-muenchen.de)*. Die traditionellen japanischen Teezeremonien finden an drei Sonntagen statt *(Aug.–Okt.)*, das Japanfest am dritten Sonntag im Juli. Beliebtes Fotomotiv: der Panoramablick vom Monopteros (1836), einem Rundtempel. Direkt am ⚑ *Schwabinger Bach*, der zum Baden einlädt, haben sich die Sonnendiebe *(sonnendiebe.de)*, Münchens einziger Liegestuhlverleih, niedergelassen.
Nächster Hotspot: Der Biergarten am *Chinesischen Turm* (1790), ein Münchner Wahrzeichen, ist optimale Anlaufstation für durstige Kehlen und hungrige Mäuler. Jeweils am 3. So im Juli, frühmorgens *(6–10 Uhr)*, steigt hier der legendäre Kocherlball. Ein traditi-

Niagarafall für kleine Jungs: Badespaß am Schwabinger Bach im Englischen Garten

oneller Volkstanztreff, zu dem Tausende in Tracht strömen. Nicht weniger beliebt: das *Seehaus* samt Biergarten am Kleinhesseloher See (Bootsverleih!). Die Bar am See hat nur im Sommer geöffnet, die Cocktails zum Sundowner sind köstlich.

Nun einmal den Mittleren Ring unterqueren, und willkommen im Nordteil des Englischen Gartens. Hier mähen noch Schafe das satte und wilde Grün, auch Bienenvölker leben hier. Ohne Touristenmassen schmeckt die Maß im Biergarten der *Hirschau* genauso gut wie beim *Aumeister*, dem nördlichsten Punkt des Gartens. Zwischendrin sorgt das kostenlose Rasen-Amphitheater, Spielstätte des *Münchner Sommertheaters (muenchner-sommertheater.de)*, für Sommerromantik pur inklusive Picknickcharakter. *U 3/6 Giselastraße oder Universität | Tram Haus der Kunst |* *K–N 1–6*

MAXVORSTADT

Die Maxvorstadt ist das Münchner Museums- und Universitätsviertel und wird gern als „Gehirn Münchens" bezeichnet. König Ludwig I. ließ hier im 19. Jh. seine Vorstellungen von einem „Isar-Athen" verwirklichen. Noch heute beherrschen die klassizistischen Bauten das Bild des Viertels.

Mit den Museumszuwächsen Pinakothek der Moderne, Museum Brandhorst und der Sammlung Ägyptischer Kunst befinden sich nun allein 18 Museen im ★ *Kunstareal München*, das zwischen Adalbertstraße und Königsplatz gelegen ist. Und wer sich nach einer Tour durch Geschichte und Kunst erholen möchte, findet rund um die Museen und die Universität viele Cafés, Kneipen und Galerien, die von Studenten und Akademikern gern besucht werden.

29 KÖNIGSPLATZ

Dass hier die Akropolis Pate stand, springt einem sofort ins Auge. Mächtig thronen die wuchtigen Bauwerke wie Tempelanlagen der Antike über dem Platz. Um die Wirkung der weiß leuchtenden Gebäude noch zu verstärken, griff der Architekt tief in seine Trickkiste: Der Königsplatz ist nicht eben, sondern fällt von den Gebäuden am Rand über die Rasenflächen zur zentralen Straße hin leicht ab. Diese geringe Neigung genügt, um den Eindruck von antiken Tempelanlagen zu erzeugen, die stets auf Hügeln errichtet wurden. Als König Ludwig I. im 19. Jh. die Gestaltung in Auftrag gab, sollte der Platz keinem bestimmten Zweck dienen, sondern der Ästhetik der Antike nacheifern. Hitler ließ den Platz für Aufmärsche in eine Steinwüste verwandeln, gewaltige Granitplatten bedeckten jegliches Grün. Vor der Antikensammlung erinnert das Kunstwerk »Die Schwarze Liste« an die 1933 hier durchgeführten Bücherverbrennungen. Erst 1988 wurde der Königsplatz, soweit möglich wieder in den Urzustand zurückversetzt. Heute finden hier Open-Air-Konzerte statt. Zwischen den Säulen der *Antiken-*

Nein, du bist nicht in Athen gelandet, sondern am Königsplatz

sammlung kannst du bei spontan angesetzten Gutwetter-Tangoabenden mitmachen *(tangomuenchen.de). U 2 Königsplatz* | *a1*

30 LENBACHHAUS

Die Heimat der *Sammlung Blauer Reiter* ist ein Publikumsmagnet. 1929 eröffnete die Städtische Galerie in der ehemaligen Künstlerresidenz Franz von Lenbachs erstmals ihre Pforten. Ihren Weltruf verdankt sie zahlreichen Schenkungen, darunter Bilder von Alexej Jawlensky, Marianne von Werefkin, Franz Marc, August Macke, Paul Klee und Wassily Kandinsky, außerdem Arbeiten internationaler zeitgenössischer Künstler. Von Ólafur Elíasson stammt der Wirbel aus buntem Glas im Foyer, der von der Decke bis dicht über die Köpfe der Besucher herabreicht. Eine entspannte Kunstpause einlegen kannst auf der Terrasse des Museumscafés Ella *(ella-lenbachhaus.com)* oder im Garten mit seinen plätschernden Brunnen. *Di, Mi, Fr–So 10–18, Do 10–20 Uhr* | *10 Euro,* *1. Do im Monat ab 18 Uhr gratis* | *Luisenstr. 33* | *lenbachhaus.de* | *U 2 Königsplatz* | *1–2 Std.* | *G6*

31 GLYPTOTHEK

Münchens ältestes Museum: König Ludwigs I. berühmte Antikensammlung öffnete ihre Pforten 1830, also noch vor dem Britischen Museum in London. Die Glyptothek ist ein Gesamtkunstwerk der Superlative: eine der großartigsten Skulpturensammlungen Europas in einem der bedeutendsten klassizistischen Bauwerken Deutschlands. Die meisten der ausgestellten Werke sind freilich Kopien. Das von Leo von Klenze (1784–1864) im Stil eines ionischen Tempels errichtete Museum beherbergt griechische und römische Skulpturen vom 6. Jh. v. Chr. bis zum 4. Jh. n. Chr. Ein Rundgang durch die 13 Säle lohnt, wobei man sich jeweils auf ein paar Einzelstücke beschränken sollte.

INSIDER-TIPP
Geheimer Garten im Innenhof

Im Innenhof lädt ein idyllisches Café zwischen weinbewachsenen Museumsmauern zum Träumen und kreativen Arbeiten bei Kaffee und köstlichem Kuchen ein. Von Juli bis

Auf Abstand: alter Meister, junge Frau in der Alten Pinakothek

September fungiert es donnerstags und freitags als Kulisse für die Open-Air-Theaterspiele. *Di, Mi, Fr–So 10–17, Do 10–20 Uhr | 6 Euro, So 1 Euro, nur Café 1 Euro | Königsplatz 3 | antike-am-koenigsplatz.mwn.de | U 2 Königsplatz | 1–2 Std. | a1*

32 NS-DOKUMENTATIONS-ZENTRUM MÜNCHEN

Wo einst das Braune Haus, die Parteizentrale der NSDAP, stand, ist heute ein Ort des Nicht-Vergessens entstanden. Über mehrere Stockwerke erstreckt sich eine einzigartige Dauerausstellung zur NS-Zeit in München (Fotos, Schriftstücke, Texte, Filme, Audios). Sie führt Besuchern die Schrecken der Diktatur vor Augen und bietet einen sehr guten Überblick vom Aufstieg bis zum Fall des NS-Regimes, dazu gibt es wechselnde Sonderausstellungen. Auch die Gegenwart wird nicht ausgeklammert. Mit der NS-Dokuzentrums-App kannst du ganz einfach den Spuren des Nazi-Terrors folgen. Insgesamt 119 Orte sind in und um München aufgeführt. *Di–So 10–19 Uhr | Eintritt frei | Max-Mannheimer-Platz 1 | nsdoku.de | U 2 Königsplatz | 3 Std. | a1*

33 STAATLICHES MUSEUM ÄGYPTISCHER KUNST

Bereits Herzog Albrecht V. von Bayern erwarb während seiner Regentschaft (1550–1579) ägyptische Kunst, 2013 sind die Exponate von der Residenz ins Kunstareal gezogen. Dort entstand unterirdisch ein Neubau aus Glas und Beton, der mit 2000 m² dreimal so groß ist wie der frühere Bau und ganz neue Möglichkeiten bietet, die Werke (sämtlichle Epochen des Alten Ägyptens bis zur Koptischen Zeit) zu präsentieren. Außerdem werden auch

äußerst interessante Vorträge angeboten. *Di 10–20, Mi–So 10–18 Uhr | 7 Euro, So 1 Euro, bis 18 J. frei | Gabelsbergerstr. 35 | smaek.de | U 2 Königsplatz | 2–3 Std. | H6*

34 ALTE PINAKOTHEK

In der Alten Pinakothek findest du unter den 1400 alten Meistern zwar nicht Leonardo da Vincis „Mona Lisa", dafür aber seine „Maria mit dem Kinde" oder Lorenzo Lottos „Mystische Vermählung der heiligen Katharina". Die Alte Pinakothek zählt zu den sechs bedeutendsten Gemäldegalerien der Welt. Ihre Werke repräsentieren alle Schulen der europäischen Malerei vom Mittelalter bis zum beginnenden 19. Jh. Die Schwerpunkte der Sammlung aber sind deutsche und niederländische Malerei des 15. und 16. Jhs., holländische und flämische Malerei des 17. Jhs., italienische Malerei des 15.–18. Jhs. sowie französische und spanische Malerei der Barockzeit. Das „Sanctissimum" – und der wohl wertvollste Besitz – des Hauses sind Albrecht Dürers „Vier Apostel" von 1526, die unter Anwendung einer List von Nürnberg nach München gerieten.

Leo von Klenze, König Ludwigs I. berühmter Hofbaumeister, verwirklichte mit dem Bau der Alten Pinakothek zu Beginn des 19. Jhs. revolutionäre architektonische Ideen: Er installierte nicht nur die ersten sichtbaren Oberlichtkonstruktionen eines Museums, sondern führte auch eine völlig neue Raumaufteilung ein, die von verschiedenen Lichtarten und -einfallswinkeln bestimmt wurde. Wenn dich nach so viel Kunst der Hunger packt: Auf der weitläufigen Grünanlage rund ums Museum lässt es sich auf dem Rasen entspannt picknicken. *Di, Mi 10–20.30, Do–So 10–18 Uhr | 7 Euro, So 1 Euro | Barer Str. 27 | pinakothek.de | U 2 Theresienstraße, Tram Pinakothek | 2–3 Std. | H6*

35 NEUE PINAKOTHEK

Als Pendant zur Alten Pinakothek gründete Ludwig I. in der Mitte des 19. Jhs. direkt gegenüber die Neue Pinakothek, doch Kriegsschäden zwangen zum Abbruch des alten Klenze-Baus. Alexander von Brancas neues Gebäude, das 1981 als größter deutscher Museumsneubau nach dem Krieg eröffnet wurde, löste eine Welle von Begeisterung, aber auch kontroverse Diskussionen aus.

Achtung: Aus baulichen Gründen und wegen einer umfangreichen Sanierung ist die Neue Pinakothek bis voraussichtlich 2025 geschlossen, aber ein Teil der Meisterwerke des 19. Jhs, darunter Werke von Degas, Monet oder Renoir, ist im Erdgeschoss der Alten Pinakothek (Ostflügel) und in der Sammlung Schack zu sehen. *Barer Str. 29 | Nordeingang | pinakothek.de | U 2 Theresienstraße, Tram Pinakothek | 2–3 Std. | H5*

36 MUSEUM BRANDHORST

Ein Kunstmuseum, das einer ungewöhnlichen Kooperation zu verdanken ist: Der Kunstsammler und Mäzen Udo Brandhorst bot dem Freistaat seine Kollektion an, und dieser errichtete ihm 2009 ein Haus dazu. Und was für eins! Das Architektenehepaar Matthias Sauerbruch und Louisa Hutton baute die Fassade aus 36 000 Glaskeramikstäbchen, die in 23 Farben schillern und das Licht so streuen, dass man kaum glauben mag, dass es im ganzen Museum nur ein einziges Fenster gibt. Darunter folgt eine zweite Schicht aus gefaltetem Lochblech, die Verkehrsgeräusche schluckt. Der Museumsbau ist einer der ersten mit einem nachhaltigen ökologischen Konzept. Auch der Inhalt kann sich sehen lassen: Auf drei Stockwerken sind mehr als 700 Werke der Moderne versammelt, von Joseph Beuys über Andy Warhol bis Bruce Nauman. Cy Twombly ist eine ganze Etage gewidmet. Verschnaufen kannst du in der Lounge im Obergeschoss mit Blick auf die beiden Pinakotheken. *Di, Mi, Fr–So 10–18, Do 10–20 Uhr | 7 Euro, So 1 Euro | Theresienstr. 35a | museum-brandhorst.de | U 2 Theresienstraße, Tram Pinakothek | 2–3 Std. | H6*

INSIDER-TIPP
Kunstpause mit Ausblick

37 PINAKOTHEK DER MODERNE

Sie ist der Star unter Münchens Kunsthäusern. Das von Stefan Braunfels entworfene Haus entstand mit der Idee, selbst ein architektonisches Kunstwerk zu sein und so der Kunst ein adäquates Zuhause zu geben (auch wenn manche von einer „Schuhschachtel" sprechen). Vier große Sammlungen des Freistaats und eine Reihe privater Schenkungen sind hier untergebracht, so die Staatsgalerie Moderner Kunst mit Werken vom Blauen Reiter bis zu Beuys. Auf mehr als 12 000 m² werden die wichtigsten

Entwicklungen von Malerei, Grafik, Design und Architektur des 20. und 21. Jhs. gezeigt. *Di, Mi, Fr–So 10–18, Do 10–20 Uhr | 10 Euro, So 1 Euro | Barer Str. 40 | pinakothek.de | U 2 Theresienstraße, Tram Pinakothek | 2–3 Std. | H6*

SCHWABING

An die Maxvorstadt schließt sich im Norden Schwabing an: Münchens legendärster Stadtteil, wo schon in den wilden Zwanzigern rauschende Künstlerfeste stattfanden und in den Siebzigern Szeneclubs wie das Yellow Submarine oder das Tiffany für Aufsehen sorgten.

Zwischenzeitlich eher mäßig angesagt, hat das Viertel in den letzten Jahren wieder an Flair gewonnen. Für Unterhaltung sorgen Kabarett- und Comedybühnen wie das *Münchner Lustspielhaus* oder das *Vereinsheim*, das Nachtleben ist dank Läden wie *Call Soul, Helene Disco, Trumpf oder Kritisch* und *Wallace Bar* wieder spannend geworden. Geblieben sind die Trendsetter, die in den zahllosen Bou-

Nichts für Klaustrophobiker: Im Museum Brandhorst gibt es nur ein einziges Fenster

38 LUDWIGSKIRCHE

Der romanisch-klassizistische Nachbau (durch Friedrich von Gärtner) birgt einen besonders wertvollen Schatz: Das zweitgrößte Altarfresko der Welt (neben Michelangelos Ausmalung der Sixtinischen Kapelle) befindet sich an der Altarwand im Chor, ebenfalls ein „Jüngstes Gericht", von Peter Cornelius. Auch von außen ist die Kirche ein Blickfang: Die beiden hohen Türme stehen in Kontrast zur imposanten, weiter südlich gelegenen Theatinerkirche. *Tgl. 8–19 Uhr | Ludwigstr. 20 | U 3/6 Universität | 30 Min. | J6*

tiquen Klamotten shoppen und dem Motto „Sehen und gesehen werden" rund um die Leopoldstraße folgen.

39 LEOPOLDSTRASSE

Viel Beton, viel Verkehr, mehr Schein als Sein: Auch wenn sich an dieser Straße die Geister scheiden, denn besonders schön ist sie ja wirklich nicht, sollte es sich niemand entgehen lassen, an einem lauen Abend vom *Siegestor* hinauf zur *Münchner Freiheit* zu spazieren. Denn am Boulevard stellen nicht nur zahlreiche Künstler ihre Werke aus, er ist auch gesäumt von Cafés, Kneipen, Fast-Food-Läden und Restaurants. Und sollte es mal wieder einen Meister- oder gar Weltmeistertitel zu feiern geben im Fußball, dann geht hier nichts mehr. Dann verwandelt sich die Leopoldstraße in eine einzige Partymeile. Im Partymachen ist die Leopoldstraße erfahren: Bis Anfang der 1990er-Jahre war sie Treffpunkt der Münchner Schickeria. Neben der Eisdiele *Venezia* und dem *Roxy* gegenüber galt das *Café Extrablatt* (1978–98) als der Intreff Schwabings. Hier schwang Deutschlands bekanntester Klatschreporter, Michael Gräter, das Zepter und sorgte für rauschende Promi-Partys. Zwar sind diese Zeiten längst passé, aber es rührt sich wieder was, dafür stehen heute Läden wie das *Café Bangkok* oder der *Mint Club. U 3/6 Giselastraße oder Münchner Freiheit* | *J4–5*

40 MÜNCHNER FREIHEIT

Zum Gedenken an die Mitglieder des Widerstands gegen das Hitler-Regime wurde der ehemalige Feilitzschplatz nach dem Krieg umbenannt. Heute ist die Münchner Freiheit Verkehrsknotenpunkt und zugleich das Tor ins nördliche Schwabing, wo rund um

Was ist hier los? Kein einziges Auto fährt auf der Leopoldstraße zum Siegestor

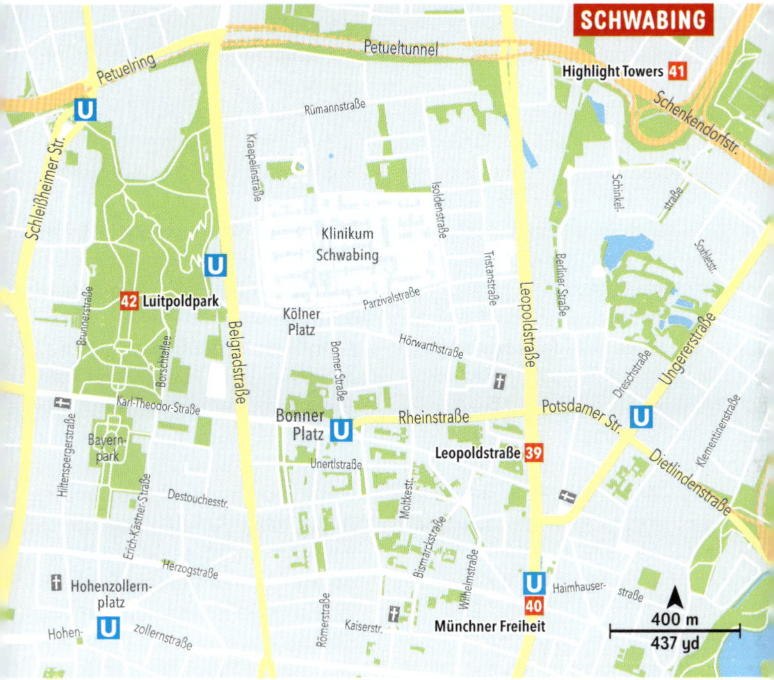

Wedekindplatz und Occamstraße das Nachtleben tobt. Von hier aus setzt sich alljährlich auch im März die größte „St. Patrick's Day Parade" auf dem europäischen Kontinent in Richtung Odeonsplatz in Bewegung. Legendär ist das *Café Münchner Freiheit*. Es war ein Lieblingsort des Schauspielers Helmut Fischer, der als Monaco Franze deutschlandweit Kultstatus erreichte. Als Bronzestatue wacht er nun von der Terrasse aus über das Treiben. *U 3/6 Münchner Freiheit* | *J4*

41 HIGHLIGHT TOWERS

Nach Wolkenkratzern suchst du in München vergeblich. Nicht ganz. Denn nimmt man die beiden oben abgeschrägten Bürotürme (126 m/ 113 m), die zusammen die Highlight Towers bilden und jede Menge Coworking Spaces bieten, dann besitzt München zumindest so eine Art Mini-Wolkenkratzer. 2004 war sein Geburtsjahr, damals entstand auch das Hochhaus *Uptown München* (146 m), das aktuell höchste Bürogebäude der Stadt. Wolkenkratzer-Vorhaben lösen in München verlässlich erbitterten Widerstand aus – auch gegen die beiden 155-Meter-Kolosse, die am Hirschgarten neue Maßstäbe setzen sollen, formiert sich ein Bürgerbegehren. *Mies-van-der-Rohe-Str. 6* | *designoffices.de/standorte/muenchen-highlight-towers* | *U 6 Nordfriedhof* | *K2*

42 LUITPOLDPARK

Münchens Bürger wussten, was einem Prinzregenten gebührt: Anlässlich seines 90. Geburtstags anno 1911 schenkten sie Luitpold 90 Linden und pflanzten sie in einen nach ihm benannten Park im Westen Schwabings. Heute ist dieser ein beliebter Erholungsort und Ausgangspunkt für eine bequeme Wanderung zum Olympiagelände. Und wenn du „wagemutig" den 37 m hohen Luitpoldhügel erklimmst, belohnt dich im Sommer ein Panoramablick auf Schwabings Dächer. Im Winter hingegen mutiert der Hügel zum allseits beliebten Rodeltreff. Für Stärkung sorgt das *Bamberger Haus,* im Sommer mit Biergarten.
U 2/3 Scheidplatz | *H3*

Farbtupfer am Südfriedhof: Liebe über den Tod hinaus – oder sie loslassen?

GLOCKENBACH/AU/HAIDHAUSEN

Eins gleich mal vorweg: Mittlerweile hat sich das nächtliche Treiben weit übers Glockenbach- und Gärtnerplatzviertel hinaus ausgedehnt. Die Verlängerung der Ausgehmeile, der „Feier-Banane", benannt nach ihrer Form, reicht nun bis zum Lenbachbrunnen. Und erschrick nicht, wenn du wochentags, sprich nicht an einem Donnerstag, Freitag oder Samstag, unterwegs bist und es eher ruhig ist. Ehrlich gesagt ist dann eigentlich die beste Zeit, um in einer der zahlreichen Bars zu chillen.

Im Zuge der Gentrifizierung haben sich Glockenbach- und Gärtnerplatzviertel gewaltig verändert. So sind die Mieten gestiegen, leider aber auch die Beschwerden über Lärm. Irgendwie komisch, feiern will jeder – vor der eigenen Tür haben will man das Partyvolk aber nicht. Wie auch immer, das urbane Leben blüht dank der vielen kleinen Shops, Bars und Restaurants. Und mit dem *Ochsengarten* in der Müllerstraße hat auch Deutschlands älteste Leder- und Fetischkneipe im Viertel eine Heimat gefunden. Wollte man den Garten doch anno 1967 nicht im hippen Schwabing haben. Vielleicht war dies auch ein Grund dafür, weshalb die Gay-Community im Viertel stetig wuchs und für eine weitere Belebung sorgte.

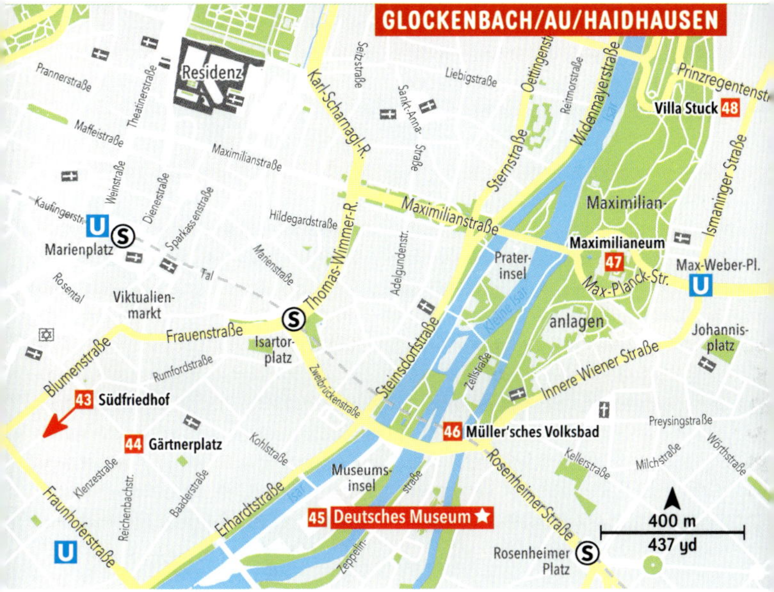

Nur einen Brückenschlag entfernt, am rechten Isarufer, liegt die Au, die noch etwas ursprünglicher und nicht so clean ist. Hier und in Haidhausen lebten früher hauptsächlich Tagelöhner und Handwerker. 1854 eingemeindet, hat sich Haidhausen seinen dörflichen Charakter bewahrt, allerdings sind auch hier die Mieten explodiert.

43 SÜDFRIEDHOF

Ein Eldorado für Geschichtsfreunde. Der aufgelassene Südfriedhof, entstanden im 16. Jh. und einst als Gottesacker für arme Leute geplant, diente im 17. Jh. als Pest- und ab Ende des 18. Jhs. als Zentralfriedhof. Nach der Erweiterung Mitte des 19. Jhs. wurde er letzte Ruhestätte für viele prominente und angesehene Münchner. Kein Wunder also, dass Führungen (buchbar u. a. über *florian-scheungraber.de*) durch die Anlage sehr gefragt sind. Immerhin ruhen hier Größen wie der Optiker und Physiker Joseph von Fraunhofer, der Architekt Leo von Klenze, der Bildhauer Ludwig von Schwanthaler, und der „Arme Poet"-Maler Carl Spitzweg. Heute nutzen die Anwohner den denkmalgeschützten Friedhof als Park zum Spazierengehen. *Thalkirchner Str. 17 | U 1/2/3/6 Sendlinger Tor |* *G–H 8–9*

44 GÄRTNERPLATZ

Im 19. Jh. wurde der Gärtnerplatz als erster sogenannter Schmuckplatz Münchens angelegt, ein Brunnen gebaut und Blumenbeete arrangiert. Bis heute ist der kreisförmige Platz vor dem Staatstheater am Gärtnerplatz ein städtebauliches Schmuckstück.

Mittlerweile hat er ein Eigenleben als abendlicher Treffpunkt entwickelt, bevor es ins umliegende Nachtleben geht. *U 1/2 Fraunhoferstraße* | *c4*

45 DEUTSCHES MUSEUM ★

Vermutlich würden nicht einmal drei Wochen genügen, um im Deutschen Museum alles gesehen zu haben. Es gibt außerdem zwei Außenstellen: Da ist zum einen das *Verkehrszentrum (tgl. 9–17 Uhr | 8 Euro | Am Bavariapark 5 | deutsches-museum.de/verkehrszentrum)* auf der Theresienhöhe, gleich hinter der Bavaria. Ob Eisenbahnen, Autos oder Motorräder, hier dreht sich alles um die Geschichte, Gegenwart und Zukunft der Mobilität. Und das auf 12 000 m². Du willst lieber abheben? Dann raus zur *Flugwerft Schleißheim (tgl. 9–17 Uhr | 8 Euro | Effnerstr. 18 | 85764 Oberschleißheim | deutsches-museum.de/flugwerft-schleissheim).* Anno 1912 hob hier der erste Flieger der neu gegründeten königlich-bayerischen Fliegertruppe ab. Heute landest du dort per S-Bahn. Zu sehen gibt es über 70 Flugobjekte, vom Gleitflügler bis zum Eurofighter. Nur ein Ufo wurde noch nicht gesichtet.

Das klappt aber vielleicht im Stammhaus, 1903 von Oskar von Miller gegründet und derzeit im Modernisierungsprozess befindlich. Denn auf der Museumsinsel, zwischen Au und Isarvorstadt, zählt das Deutsche Museum mit seinen momentan genutzten

Gleich geht es auf die Piste: Vorglühen mit Rosenduft auf dem Gärtnerplatz

20 000 m² immer noch zu den größten technisch-naturwissenschaftlichen Museen der Welt. Und dazu gehört die Raumfahrt-Abteilung mit einer Weltraumrakete, die bis zum neuen Dachterrassen-Aussichtspunkt hinaufreicht, dem Café-Restaurant *Frau im Mond (frauimmond.bar)*. Dort erwacht nach Sonnenuntergang der Sternenhimmel zum Leben – also Augen auf!

Es wird zwar noch bis 2028 dauern, bis die komplette Modernisierung der insgesamt 55 000 m² Ausstellungsfläche abgeschlossen ist – und bis dahin sind einzelne Abteilungen wie das berühmte Bergwerk geschlossen. Aber auch so gibt es genug zu sehen, etwa in den neuen Abteilungen Gesundheit und Robotik. Oder im *Kinderreich*: Dort dürfen Miniforscher von 3 bis 8 Jahren spielerisch erfahren, was die Naturgesetze bedeuten, und auf alle möglichen Knöpfe, Hebel und Schalter drücken. Praktisch: die Deutsches Museum App, ein digitaler Begleiter, kostenlos zum Download. *Tgl. 9–17 Uhr | 15 Euro, Familien 31 Euro, Kinder 6–17 J. 8 Euro, Jahreskarte für alle drei Standorte 38 Euro, Kinder 20 Euro | Museumsinsel 1, bis 2028 Eingang/Kassen an der Corneliusbrücke | deutsches-museum.de | S-Bahnhof/Tram Isartor, U 1/2 oder Tram Fraunhoferstraße | 3 Std. | J8*

46 MÜLLER'SCHES VOLKSBAD

Hier ist Schwimmen auch fürs Auge eine Wohltat! In dem schönen Jugendstilgebäude ziehst du beim Rückenschwimmen mit Blick auf das stuckverzierte Tonnengewölbe deine Bahnen und saunierst – ungewöhnlich – im römisch-irischen Schwitzbad. Ein Blick in die Historie: 1901 war es weltweit das teuerste und größte Schwimmbad. Und noch dazu Münchens erstes öffentliches Hallenbad – mit jeweils einem eigenen Becken für Herren, Damen und Hunde. *Tgl. 7.30–23 Uhr | ab 5 Euro, Kinder 6–14 J. 3,50 Euro, inkl. 4 Std. Sauna 20 Euro | Rosenheimer Str. 1 | swm.de | S-Bahnhof Rosenheimer Platz, Tram Deutsches Museum | J–K8*

47 MAXIMILIANEUM

Im Überschwang der Gründerzeit wollte Maximilian II. eine richtige „Akropolis" ans Ende der Maximilianstraße setzen. Architekt Friedrich Bürklein sorgte 1876 für die Erfüllung des Wunschs. Ursprünglich gedacht als Wohn- und Unterrichtsstätte für begabte bayerische Studenten, zogen 1949 hier der Bayerische Landtag und der Senat des Freistaats ein. Neben den Politikern wohnen und lernen hier heute auch 45 Stipendiatinnen und Stipendiaten. Zu den bekanntesten Maximilianern zählen Franz-Josef Strauß und Nobelpreisträger Werner Heisenberg. Besucher können nach Voranmeldung an Plenarsitzungen teilnehmen; die historischen Räume sind nur am Tag der Offenen Tür zugänglich. Die Landtagsgaststättte bietet sonntags einen öffentlichen Brunch. *Max-Planck-Str. 1 | bayern.landtag.de | U 4/5, Tram Max-Weber-Platz | K7*

48 VILLA STUCK

Im Nobelviertel Bogenhausen liegt das Jugendstilpalais des Münchner Malerfürsten Franz von Stuck. Zu seinen Lebzeiten war die 1898 vollendete Künstlervilla Mittelpunkt des gesellschaftlichen Lebens der Stadt. Im Erdgeschoss liegen die Repräsentationsräume mit prächtigen Wanddekorationen sowie einer Sammlung von Stucks Bildern, Skulpturen und Möbeln, außerdem werden Wechselausstellungen moderner Kunst gezeigt. Oben befindet sich Stucks Atelier mit Kassettendecke, schönen Gobelins und dem „Altar der Sünde". Jeden ersten Freitag im Monat gibt es von 18–22 Uhr die Abendöffnung *Friday Late*. Dann ist der Eintritt frei. *Di–So 11–18 Uhr | historische Räume 4 Euro, ganzes Haus 9 Euro | Prinzregentenstr. 60 | villastuck.de | U 4 Prinzregentenplatz, Tram Friedensengel/Villa Stuck | 1–2 Std. | K7*

INSIDER-TIPP
Fridays for Free

NYMPHENBURG & NEUHAUSEN

Auch als „Münchens grüne Lunge" bekanntes Viertel, das vom barocken Schloss Nymphenburg dominiert wird. Riesige Grünflächen, der baumbestandene Schlosskanal und die Prachtbauten der ehemaligen Villenkolonie machen es zum beliebten Rückzugsgebiet für gut situierte Münchner.

Ab dem Rotkreuzplatz in *Neuhausen* verändert sich die Gegend deutlich – mehr Verkehrslärm, mehr Shoppingangebote. Das *Wappenhaus* (erkennbar an besagtem Fassadenschmuck) an der Nymphenburger Straße beherbergte übrigens einst Münchens teuerste Wohnung und war Schauplatz der Münchner Kultserie „Kir Royal".

49 HERZ-JESU-KIRCHE

Nach dem Brand der Herz-Jesu-Kirche 1994 in Neuhausen entwarf das Architekturbüro Allmann, Sattler und Wappner einen kühnen Bau mit einem monumentalen Eingangstor aus blauem Glas – das größte der Welt. Es nimmt fast die gesamte Fassade ein und lässt sich komplett öffnen *(im Sommer bei gutem Wetter So ab 18.30 Uhr)*. Zunächst von konservativen Anwohnern heftig bekämpft, wurde die Kirche inzwischen zum Wahrzeichen modernen katholischen Denkens. Regelmäßig finden auch Konzerte statt *(Termine unter herzjesu-muenchen.de). Romanstr. 6 | U 1 Rotkreuzplatz | 30 Min. | D5*

50 SCHLOSSKANAL

Ganz schön faul: Im 18. Jh. sollten etliche Kanäle in München angelegt werden, die nach den ursprünglichen Plänen von Nymphenburg bis Schloss Schleißheim und Schloss Dachau reichen sollten. Die höfische Gesellschaft hätte dann bequem mit der Gondel von einer Residenz zur nächsten gelangen können. Verwirklicht wurde jedoch nur der Schlosskanal, an dem heute einer der schönsten Spazierwege Münchens verläuft. Schnurgerade führt der Kanal auf Schloss Nymphenburg zu. Im Sommer geht es am Wasser eher beschaulich, im Winter umso turbulenter zu. Sobald der Kanal von einer dicken Eisschicht bedeckt ist, spielen Eisstockfans hier auf mehr als 40 Bahnen *(eisstockbahnen.de)*. Das Flutlicht geht erst um 22 Uhr aus, Glühweinstände sorgen für die nötige innere Wärme. Auch Schlittschuhläufer (Verleih!) und Eishockeyspieler flitzen dann über die Nymphenburger Eisfläche. *U 1 Gern* | *C-D 4-5*

Im Visier: Schloss Nymphenburg als Ziel eines Spaziergangs am Kanal entlang

51 SCHLOSS NYMPHENBURG ★

Ein Schloss für eine heiße Nacht: Man schenkte vornehm zu Kurfürst Ferdinand Marias Zeiten. Mitte des 17. Jhs. bescherte ihm Henriette Adelaide den ersehnten künftigen Thronfolger Max Emanuel. Dafür revanchierte sich der stolze Vater und beehrte sie mit dem Schloss Nymphenburg. An die 700 m, also dreimal so lang wie das ganze Olympiastadion, ist die Front dieser barocken Schlossanlage, deren Bau von 1664 bis 1757 dauerte. Sie diente den bayerischen Herrschern als Sommerresidenz, und wer durch all die prächtigen Gemächer flaniert, kann erahnen, wie nobel es zur Glanzzeit des bayerischen Hofes zugegangen sein muss. Die volle Pracht kannst du bei einem der zahlreichen Klassikkonzerte erleben, die hier die Residenz-Solisten im Hubertussaal geben.

Die Schlossanlage umfasst noch weitere Highlights wie das *Marstallmuseum* mit seinen prunkvollen Schlitten und Kutschen oder das *Porzellanmuseum (Eintritt für beide 6 Euro)*. Zudem bietet der riesige *Schlosspark* reichlich Auslauf zum Flanieren. Oder du schipperst per „Venezianischer Gondel" *(Ostern–Mitte Okt. Fr–So 11–18 Uhr |*

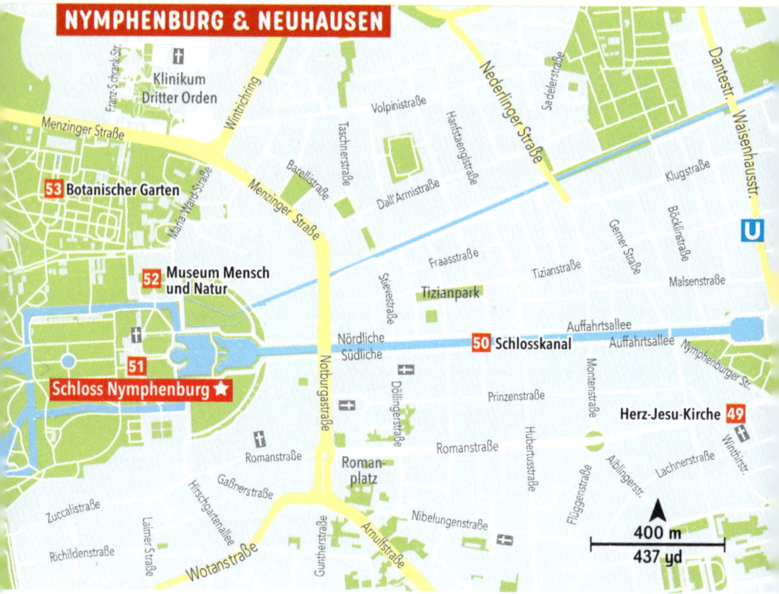

30 Min. 15 Euro | gondel-nymphenburg.de) über den Mittelkanal direkt im Schlosspark. Der perfekte Ort für einen Heiratsantrag oder ein romantisches Date. Lässt sich auch mit einem Tenor buchen, der Opernarien schmettert. *April–Mitte Okt. tgl. 9–18 Uhr, Mitte Okt.–März 10–16 Uhr | 8 Euro, Kombikarte samt Marstallmuseum und Parkburgen April–Mitte Okt. 15 Euro, Mitte Okt.–März 12 Euro, Kinder bis 18 J. frei | schloss-nymphenburg.de | Tram, Bus 51 Schloss Nymphenburg | 2–3 Std. | A–B 4–5*

52 MUSEUM MENSCH UND NATUR

In diesem Museum wird Naturkunde spielerisch aufbereitet: von der bunten Welt der Minerale über die Geschichte des Lebens bis zu den Geowissenschaften. Sehr beliebt bei jüngeren Besuchern sind die speziellen Kindergeburtstagsevents. Daneben gibt es immer wieder Sonderausstellungen zu wechselnden Themen, Abendvorträge und Führungen. Bayerns letztem freilebendem Braunbär „Bruno", der es 2006 sogar auf die Titelseiten der Boulevardzeitungen geschafft hat, ist hier eine eigene Ausstellung gewidmet. Das Museum soll voraussichtlich ab 2024 modernisiert werden und unter dem Namen Biotopia wieder auferstehen. *Di–Fr 9–17, Sa, So 10–18 Uhr | 3,50 Euro, So 1 Euro, unter 18 J. frei | Schloss Nymphenburg | mmn-muenchen.snsb.de | Tram, Bus 51 Schloss Nymphenburg | 2–3 Std. | B4*

INSIDER-TIPP
Auge in Auge mit Meister Petz

53 BOTANISCHER GARTEN

Was für ein Paradies! Wo du auch hinschaust oder hinhörst, da flattert, zwitschert und summt es. Kein Wunder, leben hier doch über 100 Arten von Wildbienen und 45 heimische Vogelarten. Die 200 000 m^2 große Anlage gilt als einer der schönsten Pflanzengärten Europas, und zwar das ganze Jahr über. Ob im Schmuckhof, im Alpinum, im Rhododendronhain oder im Arboretum, überall entfaltet sich prachtvolle Natur – und wird, von der Medizinpflanze bis zur insektenfressenden Blüte, informativ und wenig belehrend erklärt. Ein Highlight im Winter ist die Schmetterlingsausstellung, bei der exotische Falter im Gewächshaus frei umherflattern. Bei anderen Ausstellungen geht es um Rosen, Kürbisse oder Pilze. Eine Pause im Grünen mit Blick auf den Rosengarten ermöglicht die Sonnenterrasse des *Cafés Botanischer Garten. Freiland April–Okt. tgl. 9–18, Nov.–März tgl. 9–16.30, Gewächshauser April–Okt. tgl. 9–17.30, Nov.–März tgl. 9–16 Uhr | 5,50 Euro, bei Sonderausstellungen 7,50 Euro, unter 18 J. frei (bei Sonderevents 4,50 Euro) | Menzinger Str. 65 | botmuc.snb.de | Tram, Bus 143 Botanischer Garten | 1 Std. | B4*

AUSSERDEM SEHENSWERT

In München konzentriert sich fast alles im Stadtkern. Deshalb gehören Stadtviertel wie Thalkirchen mit dem immergrünen Tierpark im Landschaftsschutzgebiet der Isarauen oder das Olympiagelände im Norden der Stadt schon fast zu den Außenbezirken – obwohl sie vom Zentrum aus in nur wenigen Minuten mit den öffentlichen Verkehrsmitteln zu erreichen sind.

Invasion der Kakteen: Im Botanischen Garten sind sie (noch) unter Glas

Womit gleichzeitig einer der vielen Vorteile der Großstadt München erklärt wäre: Entfernungen sind hier ziemlich überschaubar, und mit Bus, Straßenbahn, U- oder S-Bahn dauert die Fahrt von einem Ende der Stadt zum anderen eigentlich nie länger als eine Stunde. Heißt es nicht: München ist ein Millionendorf?

54 BAVARIA/THERESIENWIESE

New York hat seine „Lady Liberty" und München hat seine *Bavaria (April–8. Okt. tgl. 9–18 Uhr, während des Oktoberfests tgl. 9–20 Uhr | 5 Euro).* Natürlich gibt es einen gewissen Größenunterschied. Ferdinand von Millers Bronzestatue (1850 aufgestellt) misst lediglich 18,52 m, also nicht mal ein Viertel der Freiheitsstatue. Aber beiden kannst du über Stufen im Inneren zu Kopf steigen. Während du allerdings jenseits des Weißwurst-Äquators stundenlang anstehen musst und dann nur einen kurzen Blick erhaschen kannst, legt einem die bayerische Schutzpatronin ganz ohne Drängeln und Anstehen die Stadt praktisch zu Füßen. So bleibt auch reichlich Zeit für den passenden Schnappschuss. Eingebettet wurde „Mama Bavaria" ins Ensemble der Ruhmeshalle *(schloesser.bayern.de)*, wo Bayerns berühmte Persönlichkeiten mit Büsten geehrt wurden.

Bekannt ist die Theresienwiese seit 1810 als Schauplatz des größten Volksfests der Welt, des Oktoberfests. Ursprünglich fand es im Oktober statt, heute fällt bereits im September der Startschuss. Warum? Wie immer war das Wetter schuld. Da Herbststürme und sintflutartige Regenfälle die Besucher fernhielten, entschied der Stadtrat 1897, die Wiesn vorzuverlegen. Die Theresienwiese ist aber auch Schauplatz vom Tollwood-Festival *(Dez.)* und vom Frühlingsfest *(Ende April)*. Ein Publikumsmagnet und Bayerns größter Flohmarkt ist mit über 2000 Ständen der Flohmarkt am ersten Frühlingsfestsonntag. Das ganze Jahr über nutzen die Münchner die teilweise asphaltierten Wege zum Spazierenge-

INSIDER-TIPP
Größer geht's nicht?

Flaucher: Der Kiesstrand ist im Sommer Treffpunkt für Sonnenanbeter und Grillmeister

hen und Sporteln. Optimal für Inlineskater. *U 4/5 Theresienwiese* | *Ludwigsvorstadt-Isarvorstadt* | *F-G8*

55 FLAUCHER/FLOSSLÄNDE THALKIRCHEN

An den südlichen Isarufern zwischen Brudermühl- und Tierparkbrücke liegt der Kiesstrand *Flaucher*, wo sich bei schönem Wetter nicht nur (teils textilfreie) Sonnenanbeter, sondern auch zahlreiche Hobbygrillmeister tummeln. Im Sommer erhellen nachts Hunderte von Grillfeuern den Flaucherstrand. Etwas weiter gen Süden liegt die *Floßlände Thalkirchen*, wo der Campingplatz Thalkirchen sein Zuhause hat. Dort befindet sich ein weiterer Riversurfer-Hotspot. Einsteiger und Fortgeschrittene sind hier richtig, da das Surfen bei Weitem nicht so gefährlich ist wie am Eisbach. *U 3 Thalkirchen, Bus 135 Thalkirchen Campingplatz* | *Thalkirchen* | *G10–11/b6*

56 TIERPARK HELLABRUNN

Karawanen von Kids, im Schlepptau die Eltern, Opa oder Oma, ziehen Tag für Tag über die Isarbrücke und stürmen das Naturparadies in den Isarauen. 1911 eröffnet, war Hellabrunn ab 1928 der erste Geozoo der Welt, aufgeteilt nach Kontinenten. Ob Fütterungen, Nachttouren oder die Begegnung mit dem Lieblingstier im Streichelgehege – diese Erlebnisse sind auch für die „Großen" unvergesslich. *April–Okt. tgl. 9–18 Uhr, Nov.–März tgl. 9–17 Uhr | 18 Euro, Kinder 4–14 J. 7 Euro | Tierparkstr. 30 | hellabrunn.de | U 3 Thalkirchen | 2–3 Std.* | *Untergiesing-Harlaching* | *G12*

57 BAVARIA-FILMGELÄNDE

Das „Hollywood an der Isar" ist dank großer Produktionen und zahlreicher Vorabendserien sehr gefragt. Ob „Die unendliche Geschichte", „Das Boot", „Fack ju Göhte" oder der Science-Fiction-Thriller „Stowaway" – all diese Filme haben hier Spuren hinterlassen, die du auf einer 90-minütigen Tour entdecken kannst *(im Sommer mehrmals stündlich, im Winter jede volle Stunde).* Dabei kannst du selbst zum Schauspieler werden und in Originalkulissen mit Original-Requisiten Filmszenen nachspielen. Wer möchte, staunt dann noch im 4-D-Erlebniskino *(bis 16 Uhr)* über verrückte Spezialeffekte oder taucht beim Virtual-Reality-Abenteuer „Hologate" in andere Welten ein. *April–Okt. tgl. 9–18, Nov.–März 10–17 Uhr | 22 Euro, Kinder 6–17 J. 20 Euro, Virtual-Reality-Erlebnis Hologate 8 Euro | Bavariafilmplatz 7 | filmstadt.de | Tram Bavariafilmplatz | 2–3 Std.* | *Grünwald* | *b6*

58 BMW-WELT/ BMW-MUSEUM ★

Die *BMW-Welt (Ausstellungen Di–So 10–18, Gebäude Mo–Sa 7.30–24, So 9–24 Uhr | Eintritt frei, Parkhaus 2.50 Euro/Std. | Am Olympiapark 1 | bmw-welt.com | 2–3 Std. | U 3 Olympiazentrum)* gegenüber dem Olympiapark ist ein architektonisches Meisterwerk aus Glas und Stahl, das als Erlebniszentrum der bayerischen Automarke und Veranstaltungsort fungiert. Verschiedene Führungen erklären Architektur, Technik und Historie des Traditionshauses. Währenddessen können Kinder ab 7 Jahren den *Junior*

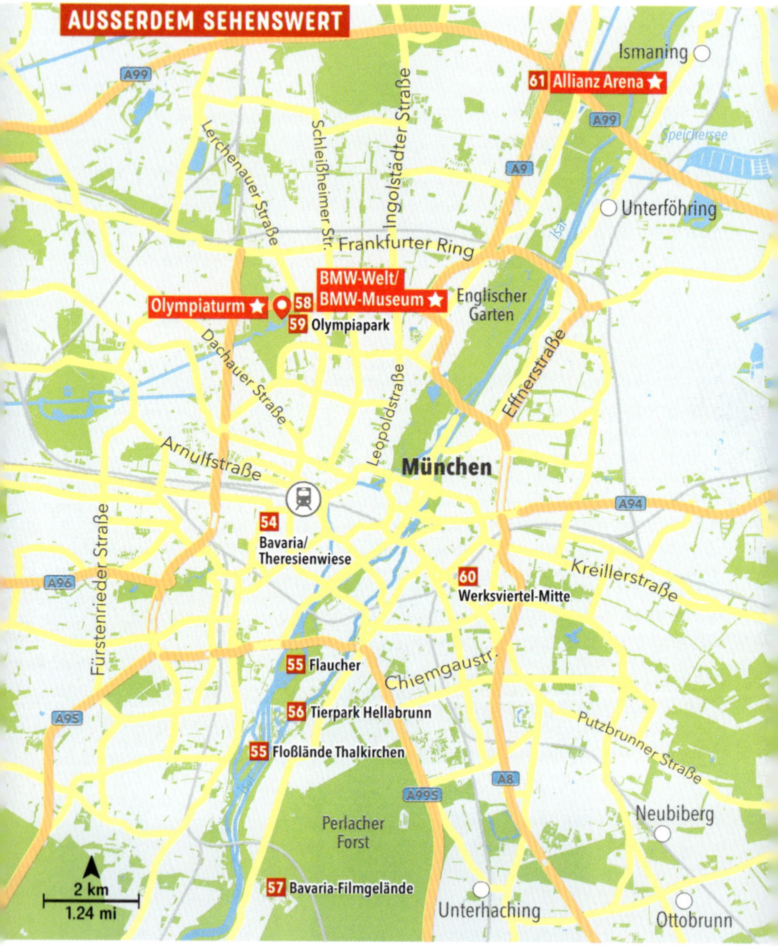

Campus (tgl. 9–18 Uhr) auf eigene Faust erkunden und an diversen Workshops teilnehmen. Auf der anderen Straßenseite befindet sich das *BMW-Museum (Di–So 10–18 Uhr | 10 Euro, Kinder 7–17 J. 7 Euro | Am Olympiapark 2 | bmw-museum.de | 1–2 Std. | U 3 Olympiazentrum)* mit großer Fahrzeugsammlung und Meilensteinen aus der Vergangenheit der Bayerischen Motorenwerke. *Milbertshofen-Am Hart* | *G2*

59 OLYMPIAPARK

Von wegen olympische Ruhe: Der Münchner Olympiapark ist auch noch über 50 Jahre nach seiner Vollendung in Betrieb. Dies ist seitdem nur noch den Londonern, nach den Spielen von 2012, gelungen. Die für die Olympischen Sommerspiele von 1972 errichtete Zeltkonstruktion, schon damals als revolutionär gefeiert, wurde vom Architektenbüro Behnisch und Partner umgesetzt. Das architektonische Meisterwerk umfasst eine Fläche von etwa 15 Fußballfeldern, besteht aus *ab 2024 wird der Olympiaturm saniert und ist dann für einige Zeit geschlossen).* Zum St. Patrick's Day erstrahlt dieser immer in sattem „Irish Green". Ein erster Stopp befindet sich auf 181 m Höhe, wo im Drehrestaurant *181 (Mi–So 12–24 Uhr, restaurant181.com)* internationale Küche kredenzt wird. Herzstück des Parks ist

Pinkes Ufo gelandet: Die BMW-Welt aus Stahl und Glas zeigt sich futuristisch

Seilnetzen mit Acrylglasplatten und umspannt die ehemaligen Sportstätten – Olympiastadion, Olympiahalle, Olympia-Schwimmhalle. Seit 1998 steht das Ensemble unter Denkmalschutz, wobei sich die Stadt aktuell um die Aufnahme des Olympiaparks in die Liste des UNESCO-Welterbes bemüht. Ein Wahrzeichen Münchens ist er auf jeden Fall. Und dazu gehört auch der 291 m hohe ★ *Olympiaturm (Aufzug tgl. 9–23 Uhr | 13 Euro, Kinder 6–15 J. 10 Euro, unter 6 J. frei,* das knapp 70 000 Gäste fassende *Olympiastadion*. 50 m bergauf geht's zum *Olympiaberg*, der von 1947 bis 1958 aus Trümmern des Zweiten Weltkriegs entstand. Von der kleinen *Olympia-Alm (tgl. 11–23 Uhr)*, dem höchstgelegenem Biergarten Münchens, bieten sich tolle Ausblicke und manchmal die Gelegenheit, kostenlos den Konzerten im Stadion zu lauschen. Zu den Highlights des Olympiaparks zählt die zweistündige Zeltdachtour *(ab 45 Euro | Anmeldung*

Fehlen bloß noch ein paar Kühe am Hang: sattes Wiesenpanorama im Olympiapark

unter touren-olympiapark.de), die sich mit einem Flying-Fox-Flug über die Arena abschließen lässt. Das Theatron, mit Blick auf den Olympiasee, bietet im Sommer zahlreiche Gratis-Rock- und -Popkonzerte. Höhepunkt: das Impark-Sommerfestival im August. Wer den Park auf eigene Faust erkunden und dabei bestens informiert sein möchte, lädt sich am besten den kostenlosen Audioguide von Hearonymus als App auf sein Handy.

Kids gehen im *Sea Life (Mo–Fr 10–17, Sa/So 9–18 Uhr, in den Schulferien tgl. 9–18 Uhr | ab 21,50 Euro, Kinder 3–14 J. ab 17 Euro | Willi-Daume-Platz 1 | visitsealife.com/de/muenchen)* auf Tauchstation und erleben mehr als 10 000 Fische, Krabben und Muscheln ganz nah im Unterwassertunnel. Wer unerwartete „Monsterschlangen" vermeiden möchte, bucht die Tickets vorab online.

Etwas versteckt im südlichen Park steht die *Ost-West-Friedenskirche (Zeiten s. Website | Spiridon-Louis-Ring 100 | ost-west-friedenskirche.de)*, die der russische Eremit Väterchen Timofei in den 1950er-Jahren aus Kriegsschutt errichtete. Heute ist das ungewöhnliche Gotteshaus ein Museum. *olympiapark.de | U 3, Bus 173 Olympiazentrum | 1–6 Std. | Milbertshofen-Am Hart | F–G 2–3*

60 WERKSVIERTEL-MITTE

Auf den Trümmern eines ehemaligen Industrieareals entstand ein neuer Stadtteil mit ordentlich Leben. Nicht nur arbeiten und wohnen, sondern auch genießen, lautet die Maxime. Das geht im kunterbunten Container Collective mit individuellen Lädchen, einer Minidestillerie *(Cosmic Spirits)* und guter Streetfood-Versorgung. Dazu gibt's Open-Air-Events, Popkonzerte in der Tonhalle und im Technikum sowie Musicals im Werk 7.

INSIDER-TIPP
Schafe auf dem Dach

Auf dem begrünten Dach von Werk 3 grasen Schafe. Man sieht sie bei einer Fahrt mit dem Riesenrad *Umadum (umadum.info).* Toll ist auch die Rooftop-Bar des Restaurants *Fitzroy (fitzroy-munich.de)* im Werk 4. *werksviertel-mitte.de | U/S-Bahnhof Ostbahnhof | Berg am Laim | L8–9*

61 ALLIANZ ARENA ★

Das Stadion zählt zu den modernsten der Welt. Bei Spielen des FC Bayern lassen Tausende LEDs das „Schlauchboot", wie die Münchner ihre Fußballheimat nennen, knallrot leuchten. Auf einer Arena-Tour kannst du einen Blick in die Mannschaftsduschen werfen und anschließend im *FC Bayern Museum (tgl. 10–18 Uhr | 12 Euro, Kinder 6–13 J. 6 Euro | fcbayern.de)* die großen Erfolge der über 100-jährigen Vereinsgeschichte noch einmal erleben. *Touren an spielfreien Tagen ca. 10–17.30 Uhr | Kombiticket Arena-Tour & FC Bayern Museum 25 Euro, Kinder 6–13 J. 11 Euro | Werner-Heisenberg-Allee 25 | allianz-arena.de | U 6 Fröttmaning | 2–3 Std. | Schwabing-Freimann | b6*

AUSFLÜGE

62 KZ-GEDENKSTÄTTE DACHAU

22 km/ 49 Min. vom Marienplatz

Nur wenige Wochen nach der Ernennung von Adolf Hitler zum Reichskanzler wurde in Dachau, 20 km vor den Toren Münchens, ein Konzentrationslager für politische Gefangene errichtet – als Modell für alle späteren Konzentrationslager. Heute sind neben einer Dokumentarausstellung im ehemaligen Wirtschaftsgebäude auch noch das Lagergefängnis („Bunker"), die beiden Krematorien sowie eine rekonstruierte Häftlingsbaracke zu sehen. Dieses Mahnmal gibt einen beklemmenden und sehr authentischen Einblick in das dunkelste Kapitel der deutschen Geschichte. *Tgl. 9–17 Uhr, Dokumentarfilm „Das Konzentrationslager Dachau" 9.30, 11, 13.15 und 14.45 Uhr | Eintritt frei | Besucherzentrum: Pater-Roth-Str. 2a | kz-gedenkstaette-dachau.de | S 2 Dachau | 2–3 Std. | b6*

63 ESO SUPERNOVA-PLANETARIUM

21,2 km / 37 Min. vom Marienplatz

Dieser Ausflug vor die Tore der Stadt gewährt tiefe Einblicke ins Weltall und macht mit den neuesten Beobachtungsergebnissen der Europäischen Südsternwarte bekannt. Vorträge und Planetariumsshows zeigen, wie spannend Astronomie sein kann. Selbst die Architektur ist vom Weltraum geprägt: Das zweiteilige Gebäude erinnert an ein Doppelsternsystem. Astronomen führen durch die Ausstellung und beantworten dabei Fragen. Wer sie auf eigene Faust erkunden möchte, zahlt keinen Eintritt. *Mi–Fr 9–17, Sa/So 12–17 Uhr | Planetariumsshow 5 Euro, Führung 8 Euro | Karl-Schwarzschild-Str. 2 | Garching | supernova.eso.org | U 6 Garching Forschungszentrum | 2–4 Std. | b6*

ESSEN & TRINKEN

Die bayerische Küche besteht nicht nur aus Leberkäs und Weißwurst, Schweinsbraten und Knödel, so köstlich dies auch alles ist. Sie ist vielfältiger – und manchmal auch eigenartiger, als es die Klischeevorstellungen vermuten lassen.

Eigenartig mögen so manchem Gast nicht nur gewisse bayerische Spezialitäten, sondern auch die Crossover-Cuisine vorkommen, mit der die sogenannten jungen Wilden unter den Köchen die Edelgastronomie aufgemischt haben. Aber trau dich ruhig auch an Kreationen, die dir zunächst mal dubios vorkommen! Wer sich lieber auf

Alle Adressen in diesem Kapitel findest du auf der Faltkarte

Typisch bayerisch: Wurstsalat mit Brezn

gewohntem Parkett bewegt, kann natürlich auch auf asiatische, französische oder italienische Kochkunst zurückgreifen. Heimische Spezialitäten vom Kalbsbries bis zum sauren Lüngerl sind aber immer eine Versuchung wert. Und dank der hervorragenden Wasserqualität der bayerischen Seen landet auch reichlich Süßwasserfisch auf den Tellern. Berühmt sind die Renken vom Starnberger See und die Forellen der Isartaler Fischzucht Aumühle.

WO MÜNCHEN ISST

MARCO POLO HIGHLIGHTS

★ **VITS**
Kaffeekunst zum Genießen und Shoppen ➤ S. 74

★ **MARAIS**
Entzückendes Ladencafé im Westend ➤ S. 72

★ **LITTLE WOLF**
Zartes Grillfleisch aus dem Smoker ➤ S. 82

★ **THE LONELY BROCCOLI**
Modern Meat House trifft auf Desserthimmel ➤ S. 74

★ **FRAUNHOFER**
Wirtshaus mit ausgezeichneter Hausmannskost ➤ S. 81

★ **HUTONG CLUB**
Experimentierfreudig: saftige Dumplings zum Koriander-Spritz ➤ S. 77

★ **CAFÉ GLOCKENSPIEL**
Auf Augenhöhe mit dem Rathaus ➤ S. 72

Luitpoldpark
The Lonely Broccoli ★
Leopoldstraße
Ungererstraße
Rheinstraße
Dietlindenstraße
Belgradstraße
Schwabing
U Münchner Freiheit
Hohenzollernstraße
Hutong Club ★
Englischer
Garten
RUND UM DIE
MÜNCHNER FREIHEIT
Exotisch essen und
bodenständig Bier trinken –
geht alles hier
Ifflandstraße
Ludwigstraße
Gabelsbergerstraße
Maxvorstadt
Prinzregentenstraße
Widenmayerstraße
GLOCKENBACHVIERTEL
Riesige Auswahl
an Snackstationen, nix
Überkandideltes
Ismaninger Straße
Isar
Maximilianstraße
Maximilian-
anlagen
Altstadt
Sonnenstraße
Café Glockenspiel ★
Steinsdorfstraße
Frauenstraße
Vits ★
Innere Wiener Str.
U Sendlinger Tor
Little Wolf ★
Fraunhofer ★
Fraunhoferstr.
Erhardtstraße
400 m
437 yd

BIERGÄRTEN

Fast alle Münchner Biergärten schließen um 23 Uhr; wenn nicht anders erwähnt, sind sie täglich geöffnet. Ausnahmen: bei Regen und Temperaturen unter 13 °C. Einzigartig: In allen „richtigen" Biergärten ist es – laut der Verordnung von König Maximilian I. aus dem Jahr 1812 – erlaubt, die eigene Brotzeit mitzubringen, nur die Getränke müssen am Ausschank gekauft werden. Somit handelt es sich beim Biergarten um einen Selbstbedienungsbereich. Und darum aufgepasst! Nicht jeder Biergarten, der sich so bezeichnet, ist auch einer. Manch einer entpuppt sich dann doch als ganz normaler Wirtsgarten mit Bedienung am Tisch.

1 CHINESISCHER TURM

Hier treffen sich Punks und Promis auf ein Hofbräu-Bier.

INSIDER-TIPP
Aufgspuit wird!

Mittwochs ab 15, freitags ab 14, samstags und sonntags ab 13 Uhr spielt die Blasmusik direkt vom Turm herab. *Englischer Garten 3 | Tel. 089 38 38 73 27 | chinaturm.de | U 3/6 Giselastraße, Bus 54/154 Chinesischer Turm | Schwabing | K5*

2 AUGUSTINERKELLER

Fossil der Biergartenkultur, legendär und allseits beliebt. Unter mehr als 100 Kastanien erfrischt der „Edelstoff". Cool: Im Winter flitzen Eisstöcke über künstliche Bahnen. *Arnulfstr. 52 | Tel. 089 59 43 93 | augustinerkeller.de | S-Bahnhof und Tram Hackerbrücke | Maxvorstadt | F6*

3 KÖNIGLICHER HIRSCHGARTEN

Den Maßkrug musst du schon selbst spülen in Bayerns größtem Biergarten, dafür kommt das Augustiner aber noch vom Holzfass. Das Damwildgehege ist ein wahrer Hotspot für Kids, da schmeckt nebendran, außerhalb des Geheges, die Maß entspannter. *Hirschgarten 1 | Tel. 089 17 99 91 19 | hirschgarten.de | Tram Steubenplatz, Bus 51 Hirschgartenallee | Nymphenburg-Neuhausen | C6*

4 BIERGARTEN AM VIKTUALIENMARKT

Mitten am Markt unter den Kastanien kannst du den Herzschlag Münchens spüren. Ausgeschenkt wird nur Münchner Bier, und damit jede der sechs „Großen" drankommt, wechseln sich die Brauereien alle sechs Wochen beim Befüllen der Maßkrüge ab. *Viktualienmarkt 9 | Tel. 089 29 16 59 93 | biergarten-viktualienmarkt.com | U/S-Bahnhof Marienplatz | Altstadt | c3*

5 SEEHAUS

Sehen und gesehen werden: Der wunderschöne Biergarten am Kleinhesseloher See ist ganzjährig en vogue. Und die *Bar am See/Haus* sorgt im Sommer für erfrischende Cocktailkreationen. *Kleinhesselohe 3 | Tel. 089 3 81 61 30 | kuffler.de | U 3/6 Münchner Freiheit | Schwabing | K4*

6 PAULANER AM NOCKHERBERG

Münchens Starkbier-Pilgerstätte in neuem Glanz: Der Nockherberg hat sich nach aufwendiger Renovierung zum Bier-Eldorado gemausert. Wäh-

Freie Plätze Mangelware: kein Wunder bei der wunderschönen Lage vom Seehaus

rend im Wirtshaus und Biergarten junge bayerische Küche aufgetischt wird, fließen die hausgebrauten Biere in Strömen die durstigen Kehlen hinunter. Spaß macht eine Brauereiführung mit Biertasting.

INSIDER-TIPP
Ein Fass nur für dich

Du kannst dir sogar dein eigenes Fass „Nockherberger" an den Tisch bringen lassen. *Hochstr. 77 | Tel. 089 4 59 91 30 | paulaner-nockherberg.com | Bus X30, 148, Tram Ostfriedhof |* *Giesing | 🕮 J9*

7 WALDWIRTSCHAFT GROSSHESSELOHE

Bekannt ist die „WaWi" wegen ihrer Jazz- und Blues-Livekonzerte sowie der idyllischen Lage am Isarhochufer kurz vor den Toren der Stadt. *Georg-Kalb-Str. 3 | Großhesselohe | Tel. 089 74 99 40 30 | waldwirtschaft.de | S 7 Großhesselohe und 15 Min. zu Fuß | Harlaching | 🕮 b6*

CAFÉS

8 CAFE KRANICH

Zentral beim Stachus gelegen und doch herrlich ruhig in einem Innenhof versteckt, mit großer Terrasse: Hier kommen Einheimische gerne zum günstigen Business Lunch oder auf ein schnelles Sandwich vorbei. Gefragt sind auch die ausgefallenen Drinks. *Mo geschl. | Sonnenstr. 19 | Tel. 089 54 54 07 80 | cafe-kranich.de | U/S-Bahnhof Karlsplatz | Altstadt | 🕮 a3*

9 CAFÉ FRISCHHUT

Die Münchner nennen das Café am Viktualienmarkt „die Schmalznudel" – weil es für eben diese berühmt ist. Ob Striezel, Krapfen oder Ausgezogene, das Hefegebäck kommt stets frisch aus dem Schmalzbad und schmeckt zum Niederknien. Außerdem kleine Auswahl an pikanten Gerichten wie z. B. Wiener Würstchen mit Brot. *So*

Mmmh, welchen Kuchen nehm ich im Café Marais? Die Tarte Tatin?

geschl. | *Prälat-Zistl-Str. 8* | *Tel. 089 26 02 31 56* | *U/S-Bahnhof Marienplatz* | *Altstadt* | *c3*

10 CAFÉ GLOCKENSPIEL ★

Toller Blick auf den Marienplatz und den Rathausturm; die beheizte Dachterrasse und die Bar liegen zum ruhigen Innenhof hin. Mediterrane Bistroküche und abgefahrene Drinks. *Tgl.* | *Marienplatz 28* | *Tel. 089 26 42 56* | *cafe-glockenspiel.de* | *U/S-Bahnhof Marienplatz* | *Altstadt* | *b3*

11 CAFÉ REITSCHULE

Eine Besonderheit dieses Café-Restaurants mit Geschichte (seit 1927) ist der direkte Blick vom Gastraum auf die Universitätsreithalle. Noch ein tolles Extra: die drei Terrassen für zeitlich flexible Sonnenanbeter. Die Küche legt Wert auf heimische Produkte, zum Frühstück am Wochenende darf's auch mal englisch oder skandinavisch sein. *Tgl.* | *Königinstr. 34* | *Tel. 089 3 88 87 60* | *cafe-reitschule.de* | *U 3/6 Giselastraße* | *Schwabing* | *K5*

12 MAELU

Allein am Schaufenster kann man sich kaum satt sehen: Bunte Macarons konkurrieren mit kleinen Tortenkunstwerken um Aufmerksamkeit, die nicht nur fotogen, sondern auch unfassbar lecker sind. In der Fußgängerzone der Theatinerstraße gelegen, ein köstlicher Zwischenstopp nicht nur beim Shoppen. *So geschl.* | *Theatinerstr. 32* | *Tel. 089 24 29 25 97* | *maelu.de* | *U 3–6 Odeonsplatz* | *Altstadt* | *c2*

13 MARAIS ★

Ladencafé mit Wohnzimmeratmosphäre in einer ehemaligen Kurzwarenhandlung im Westend. Frühstück, Kuchen und kleine Gerichte kommen beim künstlerisch angehauchten Publikum gut an, die Einrichtung stammt aus den 1920er-Jahren. In den Regalen und Vitrinen warten Antiquitäten, Accessoires, Schmuck und Bio-Kosmetik auf Käufer. *Mo geschl.* | *Parkstr. 2* | *Tel. 089 50 09 45 52* | *cafe-marais.de* | *Tram 18/19 Holzapfelstraße* | *Schwanthalerhöhe* | *F7*

14 PATOLLI

Tagsüber Café mit eigener Röstung, hausgemachten Kuchen und leckeren Sandwiches, abends legere Szenebar

Unsere Empfehlung heute

Vorspeisen

AUFGSCHMOLZENE BROTSUPPE
Brotwürfel und in Schmalz angeröstete Zwiebelringe, mit Brühe aufgegossen

OBATZDA
Reifer Camembert, verrührt mit Butter, Zwiebeln, Gewürzen und etwas Bier

BAYERISCHER WURSTSALAT
Geschnittene Lyoner mit Zwiebeln, Schnittlauch und Salatdressing

Hauptgerichte

LEBERKÄS
Spezialität aus gepökeltem Rind- und Schweinefleisch, serviert mit Kartoffelsalat

WEISSWURST
Brühwurst aus Kalbfleisch mit Schweinerückenspeck, Zwiebeln, Petersilie und Gewürzen

SCHWEINSBRATEN
Braten mit knuspriger Schwarte und Kartoffel- oder Semmelknödel

SCHWEINSHAXN
Beinstück vom Schwein, außen knusprig-kross, innen saftig

BÖFFLAMOTT
Eigentlich „Bœuf à la mode", vier Stunden lang geschmortes Ochsenfleisch

STECKERLFISCH
An einem Holzstab gegrillter Fisch, meist Makrele

Desserts

BAYERISCH CREME
Fluffige Creme aus Eiern, Vanille und Schlagsahne, mit frischen Beeren garniert

AUSZOGNE
Schmalzgebäck mit hauchdünner Mitte und dickem Rand

GERMKNÖDEL
In Dampf gegarte Hefeknödel, mit Zwetschgenmus gefüllt und mit einer Mohn-Puderzucker-Mischung bestreut

Getränke

RADLER
Mischgetränk aus hellem Bier und Zitronenlimonade

RUSS
Variante: Die Zitronenlimo wird mit Weizenbier gemixt

mit außergewöhnlichen Cocktailvariationen. Wenn Platznot herrscht, ist die Sonnenterrasse in der Sendlinger Straße von Vorteil. *Sendlinger Str. 62 | Tel. 089 89 05 83 12 | patolli.net | U 3/6 Sendlinger Tor | Altstadt | a4*

15 CAFÉ MORSO

Sympathische kleine Pausenstation im Univiertel mit original sizilianischem Caffè, sprich mit besonders aromatischen, dunkel gerösteten Bohnen und einer perfekten Crema. Dazu gibt's Leckereien wie gefüllte Cornetti, Tramezzini mit frischen Kräutern, belegte Focaccia oder Piadine. Für Spätaufsteher gut zu wissen: Im Morso bekommt man bis 14 Uhr Frühstück. *Tgl. | Nordendstr. 17 | Tel. 0171 3 07 54 66 | morso-cafe.de | Tram Nordendstraße | Maxvorstadt | H5*

16 VITS ★

Selbst Münchens Sternetempel Tantris lässt sich von Meisterröster Alexander Vits die Bohnen veredeln. Hier wird die Kaffeekunst zelebriert und genossen. Schwer angesagt: Seminare für Espresso, Cappuccino und Filterkaffee. *So geschl. | Rumfordstr. 49 | Tel. 089 23 70 98 21 | vits.coffee | S-Bahnhof Isartor | Altstadt | d4*

RESTAURANTS €€€

17 RESTAURANT KÄFER-SCHÄNKE

Den „Käfer" kennt man landauf, landab. Hier treffen sich aber nicht nur die Schönen und Reichen. Ob die Lounge, die verschiedenen Stuben oder das Restaurant – alle Bereiche punkten mit tollem Ambiente. Gleiches gilt für die Küche, wo die Käfer-Philosophie „Das Produkt ist der Star und steht im Mittelpunkt" voll zutrifft. Die Plätze mit Blick in die offene Küche sind nicht nur für Hobbyköche spannend. *So geschl. | Prinzregentenstr. 73 | Tel. 089 4 16 82 47 | feinkost-kaefer.de | Tram Villa Stuck | Bogenhausen | L6–7*

INSIDER-TIPP
Dem Koch auf den Löffel schauen

18 THE LONELY BROCCOLI ★

Das „Modern Meat House" ist in das 5-Sterne-Luxushotel *Andaz München* miteingebunden. Ob Schwein, Rind oder Lamm, Chefkoch Matias Coullery und seine Crew lassen nur allerhöchste Fleischqualität auf den Grill. Regionalität und Nachhaltigkeit verstehen sich von selbst. Sensationell sind die Desserts von Patissier Shinas H. Shahida. *So/Mo geschl. | Leopoldstr. 170 | Tel. 089 90 42 19 42 00 | thelonelybroccoli.com | Tram 23, Bus 140, 141 Parzivalplatz | Schwabing | J3*

19 SCHREIBEREI

Sternekoch Tohru Nakamura hat dem knapp 500 Jahre alten Bürgerhaus zwischen Diener- und Burgstraße neues Leben eingehaucht. „Wir schreiben Gerichte", ist hier das Credo. Japanische Präzision trifft auf die Inspiration Europas. Das Restaurant ist zweigeteilt: Im Obergeschoss, im Tohru, wird Sterneküche serviert, im Erdgeschoss wird mit der gleichen Hingabe gekocht, nur weniger komplex. *So/Mo geschl. | Dienerstr. 20 | Tel. 089 21 52 91 72 | schreiberei-muc.de | U/S-Bahnhof Marienplatz | Altstadt | c3*

20 ESSZIMMER

Unterm Dach der BMW-Welt is(s)t man näher an den Sternen, auch an denen der Gourmetführer. Bobby Bräuers gute Stube im Wohnzimmerstil mit dem beeindruckenden gläsernen Weintresor wird von Feinschmeckern gern angesteuert – auch wenn sie keinen BMW fahren. *So/Mo geschl. | Am Olympiapark 1 | Tel. 089 358 99 18 14 | esszimmer-muenchen.de | U 3 Olympiazentrum | Milbertshofen | G2*

21 TANTRIS

Fantastisch essen im poppigen 70er-Jahre-Look, der eine gelungene Auffrischung erfahren hat. In die knallorangefarbenen Lampen aus den Gründertagen von 1974 wirst du dich verlieben. Und in die Gaumenschmeichler-Kompositionen des neuen Küchenchefs Benjamin Chmura natürlich auch. *So–Di geschl. | Johann-Fichte-Str. 7 | Tel. 089 3 61 95 90 | tantris.de | Bus 54, 144, Tram Parzivalplatz | Schwabing | J3*

22 WEINHAUS NEUNER

Traditionshaus reloaded, aufgefrischt unter junger Führung. Drei Räume gibt's: Am legersten geht's in der Schwemme an den Hochtischen zu, bei einem Glas Wein aus Deutschland oder Österreich und Kleinigkeiten zum Schnabulieren. Im rustikal mit Wandtäfelungen und Schnitzereien dekorierten Restaurant und im Stüberl schaltet das Küchenteam einen Gang höher und zaubert Leckereien wie Hühnerfrikassee unter der Blätterteighaube mit Trüffel oder kombiniert Fisch und Fleisch, etwa Zanderfilet mit Blutwurst und Perlgraupen. *So geschl. | Herzogspitalstr. 8 | Tel. 089 2 60 39 54 | weinhaus-neuner.de | U/S-Bahnhof Karlsplatz | Altstadt | a3*

23 ALOIS – DALLMAYR FINE DINING

Den Gast mit auf eine Reise nehmen will Max Natmessnig im Restaurant Alois. Zugehörig zum Feinkostparadies Dallmayr und benannt nach dem Firmengründer Alois Dallmayr, der 1870 den Grundstein für das Imperium legte. Bereits als achtjähriger Junge hatte Natmessnig den Traum, Sternekoch zu werden. Er machte ihn

Liebst du poppige Farben? Dann liebst du auch das Tantris

wahr und setzt auf eine sehr raffinierte, aber nie konstruierte Küche – mit besonders vielen und vielfältigen Gängen, bestehend aus minimalistisch beschriebenen Kombis wie „Kürbis, Seeigel, Sanddorn, Safran". *So–Di geschl. | Dienerstr. 14–15 | Tel. 089 2 13 51 00 | dallmayr.com | U/S-Bahnhof Marienplatz | Altstadt | c3*

24 TRADER VIC'S

Südseeküche mit Spezialitäten aus dem Buchenholzofen im Keller des Hotels Bayerischer Hof. Eine Portion Barbecued Suckling Pig, dazu einen Menehune-Cocktail – perfekt ist die Urlaubsillusion. Hier startete der Mai Tai seinen Siegeszug durch deutsche Cocktaillandschaften. *Tgl. | Promenadeplatz 2–6 | Tel. 089 2 12 09 95 | bayerischerhof.de | U/S-Bahnhof Marienplatz | Altstadt | b2*

RESTAURANTS €€

25 GOLDMARIE

Sympathisches junges Gasthaus mit Fleisch und Eiern in Bioqualität. Die Küche hat einen alpenländischen Einschlag mit mediterranen Ausreißern. Wer sein Abendbrot mal wieder wie früher von der Oma serviert bekommen mag, beißt ins geröstete Bauernbrot mit wechselnden Aufstrichen. Du kannst nicht mehr papp sagen? Dann ab ins Bett in einem der schönen Altbau-Zimmer. *So/Mo geschl. | Schmellerstr. 23 | Tel. 089 51 66 92 72 | goldmarie-muenchen.de | U 3/6 Poccistraße | Isarvorstadt | F9*

INSIDER-TIPP
Gut gemästet, gut gebettet

26 BRENNER

Das dreigeteilte Restaurant (Bar, Pastaküche, Grill) in der denkmalgeschützen Säulenhalle ist sicher der gemütlichste Platz in den sonst eher kühlen Maximilianhöfen direkt neben der Oper. Die Küche ist biologisch ausgerichtet, der Fisch fantastisch, und am schönsten sitzt man nahe dem offenen Buchenholzgrill. *So geschl. | Maximilianstr. 15 | Tel. 089 4 52 28 80 | brennergrill.de | Tram Kammerspiele | Altstadt | d2*

27 HERRSCHAFTSZEITEN

Ja, Herrschaftszeiten! Da hat sich was getan. Das neue Paulaner-Wirtshaus im Tal hebt sich von anderen bayerischen Innenstadt-Wirtschaften deutlich ab. Das Konzept ist jünger, ungewöhnlicher und kecker. Wo findet man schon ein Podcast-Studio in einem Gasthaus? Bayerische Küchenklassiker gibt's natürlich trotzdem, aber teils in abgewandelter Form wie Angus Tafelspitz, 36 Stunden Ochsenbacken oder die vegane Weißwurst. *Tgl. | Tal 12 | Tel. 089 6 93 11 66 90 | herrschaftszeiten-muenchen.de | U/S-Bahnhof Marienplatz | Altstadt | c3*

28 COCHINCHINA

Atmosphärisch wunderschönes Vietnam-Restaurant mit Zitaten aus der chinesischen Küche. Die Raumteiler und die schimmernden Farben sind Libellenflügeln nachempfunden. Besonders gut: die Spareribs nach Asia-Art und die Reisnudelschalen. *Tgl. | Kaiserstr. 28 | Tel. 089 38 98 95 77 | cochinchina.de | U 3/6 Münchner Freiheit | Schwabing | J4*

Zwischen Glas und Beton findet sich ein warmes Plätzchen auf der Terrasse vom Brenner

29 PACIFIC TIMES

Mit hervorragenden Cocktails – über 250 stehen auf der Karte –, einem engagierten Team und exquisiter Küche ist das zwischen Isartor und Gärtnerplatz gelegene Bar-Restaurant zum Klassiker geworden. Ein Leckerbissen ist das Tandoori Chicken mit Tabouleh. Heiß geliebt, als Vorspeise oder Hauptgericht: Das Black Angus Tatar kommt mit geröstetem Rosmarinbrot auf den Tisch. *So/Mo geschl. | Baaderstr. 28 | Tel. 089 20 23 94 70 | pacifictimes.de | U 1/2 Fraunhoferstraße | Glockenbach | c4*

30 HUTONG CLUB ★

Der Name spricht schon mal Bände. Hutongs sind die Gassen rund um die Verbotene Stadt in Peking, Authentisches wie in chinesischen Garküchen soll dementsprechend auch in Schwabing auf die Teller kommen. Die saftigen Dumplings und zarten Fleischgerichte aus iberischen Schweinen machen Lust auf eine Reise in das Riesenreich. Als Aperitif unbedingt den China Blue mit Litschi-Likör, Grapefruitsaft und Blue Curaçao probieren! Ganz großartig ist auch der Smokey Mule. *Tgl. | Franz-Joseph-Str. 28 | Tel. 089 38 38 03 43 | thehutongclub.de | U 3/6 Giselastraße | Schwabing | J4*

INSIDER-TIPP
Asia-Cocktails mit Pep

31 AIVI EATERY

Hier setzt man auf panasiatische Küche. Frittiertes, leicht knuspriges Sushi zählt zu den Signature-Dishes, dazu gesellen sich diverse delikate Currys.

Auch die Bar in dem an ein Warehouse erinnernden Restaurant ist gut bestückt: Als Aperitif empfiehlt sich der Lavendel Spritz. *So geschl. | Rumfordstr. 42 | Tel. 089 55 26 37 52 | aivi-eatery.com | S-Bahnhof Isartor | Altstadt | d4*

32 NENI

Gemeinschaftlicher Essgenuss mit israelisch-mediterraner Küche im schönen Restaurant des *25 Hours*-Hotel

Lust auf Münchens beste Weißwürste? Auf in die Gaststätte Großmarkthalle!

am Hauptbahnhof. Das Konzept: „Food to share". Also geht die Etagère mit den Hummus-Variationen einmal reihum, und auch vom Kebab vom Robata-Grill lässt man die Begleitung doch gerne mal kosten. Wer seine Nachspeise lieber in flüssiger Form einnimmt, geht einfach eine Etage höher in die Boilerman Bar zum abwechslungsreichen „Longdrinken". *Tgl. | Bahnhofsplatz 1 | Tel. 089 9 04 00 15 61 | neni-muenchen.de | U/S Hauptbahnhof | Ludwigsvorstadt | G7*

INSIDER-TIPP
Highballs zum Dessert

33 KISMET

Vegetarisch und orientalisch: Diese exotische Kombi kredenzen Sandra Forster und ihr Team in dem von kühlen Blau- und Grüntönen dominierten Restaurant. Als Starter munden Mezze-Vorspeisen mit Fladenbrot, zum Hauptgang schmecken Tajines, marokkanische Schmorgerichte aus dem charakteristischen Tontopf. Ein Glas Wein dazu? Die Tropfen stammen alle von Gütern, die ökologisch bzw. biodynamisch arbeiten. *So/Mo geschl. | Löwengrube 10 | Tel. 089 22 03 52 | kismet.cc | U/S-Bahnhof Karlsplatz | Altstadt | b2*

34 PRINZ MYSHKIN

Dostojewskis Held Prinz Myshkin aus seinem Roman „Der Idiot" ist als namensgebender Verfechter der vegetarischen Küche in München so was wie eine Institution. Im freundlich-hell eingerichteten Gastraum unter der hohen Gewölbedecke munden Klassiker wie Tofu nach Stroganoff-Art oder gebackene Zucchiniblüten neben internationalen Veggie-Variationen. *Tgl. | Hackenstr. 2 | Tel. 089 26 55 96 | prinzmyshkin.com | U/S-Bahnhof Marienplatz | Altstadt | b3*

35 MONTI

Etwas versteckt liegt dieser Italiener mit angeschlossener Vinothek auf dem Markthallengelände im Schlachthofviertel. Sarah di Santo und ihr Team reichern den Spaß am Teller, der gerne mal drei- oder viergängig ausfällt, charmant mit viel Amore an. Ein paar Extras gibt's auch noch: Alle paar Wochen veranstalten sie tolle Winzer-Menüabende oder kleine Konzerte. *So geschl. | Zenettistr. 11 | Tel 089 76 70 28 68 | montimonaco.de | U 3/6 Poccistraße | Sendling | G9*

INSIDER-TIPP
Essen als Event

36 CYCLADES

Auch wenn du diesen hell und freundlich eingerichteten Neuhauser Griechen zum ersten Mal besuchst, wirst du wie ein Stammgast behandelt. Der sympathische Service ist aber nicht das einzige Plus. Die gemischten warmen und kalten Vorspeisen für zwei sind ebenfalls ein Gedicht und jeden ihrer 2680 Cents wert. Gefolgt von einem Hauptgericht wie Baby-Calamares vom Grill, bist du garantiert pappsatt. *Mo geschl. | Frundsbergstr. 46 | Tel. 089 13 95 81 87 | cyclades-muenchen.de | U 1 Rotkreuzplatz | Neuhausen-Nymphenburg | E5*

37 BAMBERGER HAUS

Wie wär's mal wieder mit Tafelspitz, einem Wiener Schnitzel oder Kaiserschmarrn? Die Klassiker vom südöstlichen Nachbarn schmecken in Kombination mit Augustiner-Bier vom Fass und vor dem neobarocken Hintergrund des Bamberger Hauses besonders gut. In der kalten Jahreszeit hält der beheizte, windgeschützte Wintergarten mit Schaffellen und uriger Schnapsbar schön warm. *Mo/Di geschl. | Brunnerstr. 2 | Tel. 089 3 22 12 82 10 | bambergerhaus.com | U 2 Scheidplatz | Schwabing | H3*

INSIDER-TIPP
Ein Plätzchen zum Kuscheln

38 ORNELLA

Das Ornella im denkmalgeschützten Orlando-Haus am Platzl, vis-à-vis vom Hofbräuhaus, begeistert mit kreativer italienischer Küche mit einem japanischen Twist. Die Küche serviert z. B. Vitello Tonnato mit Shisokresse oder Black-Angus-Entrecôte mit Yuzu-Kocho-Butter. Auch das Trendgericht Pinsa findet sich auf der Karte. Tipp: die raffinierten Bento-Boxen zum Lunch. Bei sonnigem Wetter lockt ein schöner Außenbereich mit 120 Plätzen. *So/Mo geschl. | Am Platzl 4 | Tel. 089 26 20 15 60 | ornella.de | U/S-Bahnhof Marienplatz | Altstadt | d3*

RESTAURANTS €

39 GASTSTÄTTE GROSSMARKTHALLE

Hier speisen auch die Arbeiter aus der namengebenden Großmarkthalle, weshalb das Lokal schon um 7 Uhr öffnet und um 17 Uhr (Sa 13 Uhr) wieder dichtmacht. Zu essen gibt es die besten Münchner Weißwürste und einen himmlischen Schweinsbraten. *So geschl. | Kochelseestr. 13 | Tel. 089 76 45 31 | gaststätte-grossmarkthalle.de | U 3/6 Implerstraße, Bus 131 Gotzinger Platz | Sendling | G9*

40 AUGUSTINER BRÄUSTUBEN

In den ehemaligen Stallungen, wo sich früher die Brauereirösser ausruhten, fließt heute ein süffiges Helles. Der Preis – 4,30 Euro für die Halbe Edelstoff vom Holzfass – ist fast unschlagbar. Kein Wunder, liegt das Wirtshaus doch auf dem Brauereigelände. Abends sollte man sich unbedingt einen Cocktail gönnen. Denn hier sind Könner am Werk. *Tgl. | Landsberger Str. 19 | Tel. 089 50 70 47 | braeustuben.de | S-Bahnhof Hackerbrücke, Tram Holzapfelstraße | Schwanthalerhöhe | F7*

41 COLE & PORTER

Angenehme Bar in der Einkaufspassage Hofstatt. Die Küche zaubert leckere Suppen, Salate, Pasta und Wok-Gerichte zu erschwinglichen Preisen ab 10 Euro. *So geschl. | Sendlinger Str. 10 | Tel. 089 81 89 38 54 | coleandporter.de | U/S-Bahnhof Marienplatz | Altstadt | b3*

42 EATALY

Das italienische Feinkostkonzept von Eataly hat unterm Schrannenhallendach am Viktualienmarkt eine Heimat gefunden. Neben dem Shoppinggenuss kannst du es dir hier auch direkt vor Ort richtig gut schmecken lassen. Sechs verschiedene Essensstationen machen alle happy – den Weintrinker, den Kaffeeschlürfer, den Pizzafan, den Schocoholic und auch den Grillfleisch-Liebhaber. *So geschl. | Blumenstr. 4 | Tel. 089 2 48 81 77 11 | eataly.net | U/S-Bahnhof Marienplatz | Altstadt | c3*

43 LE FLORIDA

Gemütliches Bar-Restaurant. Renner ist der Vorspeisen-Teller mit Roastbeef, Spaceballs, Edamame, Serrano-Schinken, Parmesanwürfeln und Mango-Chutney. Burger, Steaks, Pasta und Salate zu fairen Preisen ergänzen die Speisekarte. Bei den Drinks lautet das Motto „Bau dir deinen Gin" mit einer über 20 Marken umfassenden internationalen Auswahl an Ginsorten. *So geschl. | Georgenstr. 48 | Tel. 089 44 42 95 55 | Tram Nordendstraße | Maxvorstadt | H5*

44 ZUR SCHWALBE

Ein typisch Münchnerisches Wirtshaus im Westend. Die hauseigene Kegelbahn hat Kultstatus, also unbedingt rechtzeitig reservieren. Hier findest du auch einen der letzten Hinterhofwirtsgärten in München. Die Karte ist übersichtlich, die Gerichte sind bodenständig und geizen weder an den Portionen noch am Geschmack. *Tgl. | Schwanthalerstr. 149 | Tel. 089 23 02 14 47 | zurschwalbe.com | U 4/5 Schwanthalerhöhe, Tram Schrenkstraße | Schwanthalerhöhe | F7*

INSIDER-TIPP
Der Hinterhof wird zum Wirtshaus

45 FEI SCHO

Im entzückenden Minilokal genießen die Gäste gesunde asiatische Küche an Secondhandtischen, über ihnen ein rosa Meer von Lampions aus Vietnam. Zu den Spezialitäten des Hauses – Glücksrollen, Pho-Bo-Suppe und Reisnudelsalat mit frischen Kräutern – schmecken die köstlichen hausgemachten Limonaden (Ingwer-Holun-

Bitte noch zehn Espressi! Im Eataly wirst du garantiert wach – und angenehm satt

der oder Lavendel-Limette). *So geschl. | Kolosseumstr. 6 | Tel. 089 55 06 22 99 | feischo.com | U 1/2 Fraunhoferstraße | Glockenbach | H8*

46 FRAUNHOFER ★

Das traditionsreiche Gasthaus lockt Alt und Jung, Hipster und Familien, Theatergänger und Cineasten an. Jeden Sonntag erklingt beim Frühschoppen zum Weißbier Blasmusik live. Bei kleinem Hunger schmeckt das Griebenschmalzbrot mit Frühlingszwiebeln oder der abgebräunte Leberkäs mit hausgemachtem Kartoffelsalat. Zum Haus gehören außerdem das gleichnamige Theater (auch Kabarett, Konzerte) sowie das Werkstattkino. *Tgl. | Fraunhoferstr. 9 | Tel. 089 26 64 60 | fraunhofertheater.de | U 1/2 Fraunhoferstraße | Glockenbach | H8*

47 GIESINGER BRÄUSTÜBERL

Ob Giesing nun hip ist oder nicht, weiß keiner so richtig. Das Giesinger Bräu ist es auf jeden Fall. Beherbergt die Stadt des Bieres mittlerweile doch wieder mehr als zehn Brauereien. Und das Giesinger ist für alle Neu- oder Craft-Brauer sozusagen eine Art Vorbild. Denn nach Anfängen in einer Garage in Untergiesing thront nun droben am Giesinger Bergl die eigene Braustätte samt Bräustüberl. Natürlich gibt's dort auch was zu essen: Auf den Tisch kommt ausschließlich Hausmannskost – einfach, schmackhaft und auch preislich top. Auch mit einer Terrasse kann das Lokal bei schönem Wetter dienen. *So/Mo geschl. | Martin-Luther-Str. 2 | Tel. 089 55 06 21 84 | giesinger-braeu.de | U 2 Silberhornstraße | Giesing | J10*

Hier fließt das Bier in Strömen: Die „Schwemme" ist das Herzstück des Hofbräuhauses

48 LITTLE WOLF ★

Oh wie göttlich schmecken die Shrimps & Grits. Und erst das Jambalaya! Doch in Wahrheit dreht sich im kleinsten Smokehouse der Stadt, das sich ganz der amerikanischen Küche verschrieben hat, alles um *ribs* und *brisket*, Rippchen und Rinderbrust.

INSIDER-TIPP
Trau dich ran an die Wurst

Du hast Lust auf scharf? Die hausgemachten Würstl gibt es nur auf Nachfrage hin als eigenes Hauptgericht. Der Laden ist zwar räumlich etwas gewachsen, trotzdem musst du manchmal etwas auf einen freien Platz warten. Denn reserviert wird hier erst ab 6 Personen. Das Diner-Konzept (zwischen Imbiss und Restaurant) samt Südstaaten-Soulfood wird im Little Wolf durch und durch gelebt. *Sa/So geschl. | Pestalozzistr. 9 | Tel. 089 85 63 61 52 | little-wolf.de | U 1/2/3/6 Sendlinger Tor | Isarvorstadt | H8*

49 HOFBRÄUHAUS

„In München steht ein …" Das kennt jeder. Daher ist es nicht verwunderlich, wenn sich hier Touristenscharen aus den USA, Asien und Italien tummeln und zum Krustenschweinebraten das eine oder andere Bier trinken. Wer's ruhiger mag, weicht im Sommer in den sehr netten Biergarten und im Winter ins Bräustüberl im 1. Stock aus. *Tgl. | Platzl 9 | Tel. 089 2 90 13 61 00 | hofbraeuhaus.de | U/S-Bahnhof Marienplatz | Altstadt | c/d3*

50 M.C. MÜLLER

Münchens ältester Burger-Laden – es gibt ihn seit 2006 – steht im Ranking immer noch weit oben. Kreative Varianten wie der fleischlose „Wenke Möhre" oder der extragroße „Bulle von Tölz" bieten Abwechslung für jeden Geschmack. Das Fleisch stammt aus artgerechter Haltung. Man sitzt an langen Tischen, zu späterer Stunde legt ein DJ auf. Im Sommer idyllischer Biergarten im Innenhof. *So geschl. | Fraunhoferstr. 2 | Tel. 089 18 91 00 39 | mcmueller.org | U 1/2 Fraunhoferstraße | Glockenbach | b4*

51 TRUMPF ODER KRITISCH

Nach der Aufforderung aus dem bayerischen Kartenspiel *Watten* ist nun auch ein Lokal benannt, mitten in Altschwabing. An den langen Holztischen darf natürlich auch gekartelt werden – am besten mit einer Augustiner-Halben vom Fass aus dem eisgekühlten Steinkrug. Dazu schmecken das Tatar vom bayerischen Jungbullen oder die Kalbsfleischpflanzerl. *Tgl. | Feilitzschstr. 14 | Tel. 089 38 08 82 40 | trumpf-oder-kritisch.de | U 3/6 Münchner Freiheit | Schwabing | K4*

52 ALTER SIMPL

Sparfüchse, die gerne gutbürgerlich essen wollen, steuern am besten den Alten Simpl im Univiertel an. Denn in der geselligen Traditionswirtschaft reißen nur wenige Gerichte die 12-Euro-Messlatte. Bekannt wurde das Lokal als Treffpunkt der Schwabinger Bohème. *Tgl. | Türkenstr. 57 | Tel. 089 2 72 30 83 | altersimpl.de | Tram Schellingstraße | Maxvorstadt | H5*

53 SOLO PIZZA

Das Solo im Namen muss niemand für bare Münze nehmen. Neben den wirklich großen Knusperpizzen zaubert die Küche alternativ auch noch einige Pasta-, Fisch- und Fleischgerichte auf den Teller. Dazu gerne den stets empfehlenswerten Wein des Monats probieren und genüsslich das Bella-Italia-Flair aufsaugen. *Tgl. | Bereiteranger 18 | Tel. 089 67 97 29 00 | solopizza.de | U 1/2 Kolumbusplatz | Au-Haidhausen | J8*

54 SCHNEIDER BRÄUHAUS

In dem urigen, lebhaften Lokal, dem früheren Weißen Bräuhaus, servieren die zuweilen etwas grantigen, aber immer fixen Kellnerinnen geniale Semmelknödel – unbedingt probieren! Außerdem wird hier noch die Münchner Kronfleischküche gepflegt mit Innereien wie Kalbskron (Zwerchfell), Nieren, Milz, Bries, Leber und Lunge. *Tgl. | Tal 7 | Tel. 089 2 90 13 80 | schneider-brauhaus.de | U/S-Bahnhof Marienplatz | Altstadt | c3*

55 YUZUMUK

Benannt nach der japanischen Zitrusfrucht, ist das Yuzumuk ein neues, sehr beliebtes Restaurant-Gewächs. Hier hat man sich auf die trendigen Ramen- und Udon-Suppen spezialisiert. Ein Geheimtipp ist Donburi, mit unterschiedlichen Fischsorten belegter, in einer Schale servierter Reis. Auch Sushi-Freunde kommen voll auf ihre Kosten. *So geschl. | Westenriederstr. 8 | Tel. 089 12 73 93 74 | yuzumuk-muenchen.de | U/S-Bahnhof Marienplatz | Altstadt | c3*

SHOPPEN & STÖBERN

Du bist auf der Suche nach Trendmarken, Luxuslabels, schrägem Design oder Trachten? Hier findest du die besten Jagdreviere für Powershopper und Fashion-Victims.

Beginnen wir mit den ganz großen Einkaufsmeilen: Alle auf einen Streich erledigst du am besten im Zentrum, rund um den Marienplatz. Raus aus der U-Bahn, rein ins Getümmel. In der Fußgängerzone Richtung Stachus haben sich die internationalen Marken breitgemacht, wie man sie aus vielen Innenstädten kennt. Richtung Odeonsplatz rund um die *Fünf Höfe* kann ein dicker Geldbeutel in

Alle Adressen in diesem Kapitel findest du auf der Faltkarte

Mix aus Mode, Lifestyle, Kunst und Genuss: die Einkaufspassage Fünf Höfe

der Handtasche nicht schaden. Das gilt auch für den Prachtboulevard, die exklusive ★ Maximilianstraße.

Du schwimmst mit deinem Style lieber gegen den Strom? Dann tauch ein ins ★ Gärtnerplatzviertel, das Revier für Freunde extravaganter Mode. Hier findest du Kleider aus Hanf genauso wie kreativkühne Schneiderkunst. Flippige Outfits gibt's auch im Univiertel zwischen Amalien-, Schelling- und Türkenstraße sowie in Schwabing in der Hohenzollernstraße und rund um die Münchner Freiheit. Einfach herumschlendern, schauen und sich inspirieren lassen.

WO MÜNCHEN SHOPPT

MARCO POLO HIGHLIGHTS

★ **MAXIMILIANSTRASSE**
Exquisit, sowohl was die Läden als auch die Architektur betrifft ➤ S. 85

★ **GÄRTNERPLATZVIERTEL**
Zwischen Cafés und Galerien schneidert Münchens kreative Szene ➤ S. 85

★ **DALLMAYR**
Kaufhalle der Köstlichkeiten mit Tradition, Stil und riesiger Auswahl ➤ S. 88

★ **HIRMER**
Das größte Herrenmodehaus der Welt auf sechs Etagen ➤ S. 92

★ **VIKTUALIENMARKT**
Frisches in traditionsreicher Marktatmosphäre ➤ S. 91

★ **OBERPOLLINGER**
Departmentstore für internationale Luxuslabels ➤ S. 93

★ **SUSANNE BOMMER**
Schlichte, asiatisch anmutende Designermode ➤ S. 94

★ **A KIND OF GUISE**
Münchens angesagtes Label erntet mit zeitloser Mode international Beifall ➤ S. 92

★ **EDUARD MEIER**
Deutschlands ältestes Schuhhaus existiert seit über 400 Jahren ➤ S. 94

★ **FÜNF HÖFE**
Münchner Lebenskunst trifft hier auf internationales Shoppingflair ➤ S. 91

Münchner Freiheit
Schwabing
Leopoldstraße
Englischer Garten
SCHWABING
Individuelle Boutiquen und Läden rund um die Münchner Freiheit und die Hohenzollernstraße
A Kind of Guise
Ifflandstraße
RUND UM DIE FÜNF HÖFE
Eine Shoppingmall, umgeben von schicken Stores
Odeonsplatz
Hofgarten
Prinzregentenstraße
Eduard Meier
Fünf Höfe
Isar
Dallmayr
Maximilianstraße
Hirmer
Maximilian-anlagen
Altstadt
Marienplatz
Viktualienmarkt
Isartor
Susanne Bommer
Zweibrückenstraße
Gärtnerplatzviertel
Erhardtstraße
Au-Haidhausen
Fraunhoferstraße

ANTIQUITÄTEN

1 CONWAY'S RECYCLE ART

Auf der Suche nach Shabby-Schick? Bitte schön! Elke Conway haucht alten Möbeln neues Leben ein. Auf Streifzügen durch ganz Europa kauft sie gebrauchtes Mobiliar und restauriert es mit viel Liebe zum Detail. Am besten schon mal online spicken und dann im Laden das Passende herauspicken. *Mi–Fr 11–19 Uhr | Humboldtstr. 27 | conways-recycle-art.de | U 1/2 Kolumbusplatz | Giesing | ◫ J9*

2 KUNST OASE

Die Schwabinger Kunst Oase ist ein seit 1984 bestehendes Unikum, das schon einige Male als Kulisse für Film und Fernsehen diente. Wenn man zwischen den Hunderten von Kunstobjekten, originalen Antiquitäten und amüsanten Absonderlichkeiten steht, weiß man gar nicht mehr, wohin man zuerst schauen soll. *Mo–Fr 9–19.30, Sa 9–18 Uhr | Hohenzollernstr. 58 (Innenhof) | kunstoase-schwabing.de | U3/6 Giselastraße | Schwabing | ◫ J4*

3 SAMS & SON

Eine Fundgrube für Filmausstatter und nostalgische Sammler alter Koffer: Der kleine Laden ist bis unter die Decke vollgestopft mit antiken Möbeln, Industrielampen, Reisetruhen, Schrankkoffern, Globen und hübschem Kleinkram. *Mo–Fr 13–19, Sa 11–16 Uhr | Fraunhoferstr. 23 | U 1/2 Fraunhoferstraße | Glockenbach | ◫ H8*

WOHIN ZUERST?

Ob Designer-Fashion, Manufaktur oder „Made in Munich": Am besten streifst du erst mal durchs trendige **Glockenbachviertel** rund um den **Gärtnerplatz** *(◫ J8)* oder mischst dich unter die Studenten in der **Maxvorstadt** *(◫ H5)*. Für gut Betuchte ist die **Theatiner-** und **Maximilianstraße** *(◫ J6–7)* ideales Jagdrevier. Und wer alle großen Ketten auf einmal abklappern kann, nimmt noch die **Neuhauser Straße** und **Kaufingerstraße** *(◫ H7)* im Zentrum mit.

DELIKATESSEN

4 FAUSTO KAFFEERÖSTEREI

Ein Münchner Kaffee-Souvenir gefällig? Den exzellenten „Espresso Monaco" röstet Klaus Wildmoser, wie alle anderen Kaffees auch, selbst. Zum Mitnehmen oder zum direkt Einflößen im dazugehörigen Café. Wer selbst mal den optimalen Milchschaum produzieren und verzieren will, bucht den Latte-Art-Kurs. *Mo–Fr 11–19, Sa 10–19 Uhr | Birkenleiten 41 | fausto-kaffee.de | U 1 Candidplatz | Giesing | ◫ H11*

INSIDER-TIPP: **Du Schaumschläger!**

5 DALLMAYR ★

Ein Besuch bei Dallmayr ist Pflicht! In den historischen Hallen mit den Marmorsäulen erwarten Gourmets frische Salate, Pasteten, Hummer und Lachs, 120 Wurstsorten, 250 Sorten Käse, Wild und Geflügel. Darf's noch mehr sein? Bitte sehr: Tee und Kaffee, Weine, eine wunderbare Confiserie und eine eigene Pastaabteilung. So viele Köstlichkeiten anschauen macht Appetit? Dann einen Tisch im Restaurant *Alois* im 1. Stock reservieren! *Mo–Do, Sa 9.30–19, Fr 9.30–19.30 Uhr | Dienerstr. 14–15 | dallmayr.com | U/S-Bahnhof Marienplatz | Altstadt | c3*

6 SZENEDRINKS

Du bist auf der Suche nach einem flüssigen Mitbringsel? Dann steuer doch mal den Szenedrinks-Store an. Hier findest du Münchner Craft-Biere von Giesinger, Hopfmeister und Crew Republic oder bayerische Spirituosen wie den Rumult, den Duke-Gin oder den Slyrs-Whisky vom Schliersee. Ein extravagantes Mitbringsel ist der Münchner Illusionist Gin, der beim Hinzugeben von Tonic die Farbe ändert. *Mo–Sa 11–20, So 13–20 Uhr | Fraunhoferstr. 12 | szenedrinks.eu | U 1/2 Fraunhoferstraße | Glockenbach | H8*

INSIDER-TIPP
Gib mir den Zaubertrank

7 DIE EINMACHEREI

Echte bayerische Rindsrouladen für zu Hause – im Glas! In der Einmacherei zaubern zwei Küchenfeen Münchner Köstlichkeiten und andere Spezialitäten ohne Konservierungsstoffe zum Mitnehmen. *Fr/Sa 9–18 Uhr | Birkerstr. 7 | die-einmacherei.de | U 1 Maillingerstraße | Neuhausen | F6*

8 KÄFER DELIKATESSENMARKT

Auf 600 m² gibt es im Untergeschoss Feinkost aller Art und einen Genussraum für einen spontanen Snack. Jeden Mittwoch und Freitag landen Fisch und Meeresfrüchte fangfrisch in der Theke. *Mo–Sa 9–19 Uhr | Leopoldstr. 57 | feinkost-kaefer.de | U 3/6 Münchner Freiheit | Schwabing | J4*

GESCHENKE & WOHNACCESSOIRES

9 RADSPIELER

Seit 1841 spielt der Radspieler im Münchner Einzelhandel mit. Im früheren Stadtpalast des Grafen zu Rechberg werden ein riesiges Stoffsortiment, moderne Möbelstücke aus der hauseigenen Schreinerei, Glas, Geschirr und Tischwäsche stilvoll präsentiert. Mode skandinavischer Designer, Tücher und Taschen erweitern das Sortiment. *Mo–Sa 10.30–19 Uhr | Hackenstr. 7 | radspieler.com | U 1/2/3/6 Sendlinger Tor | Altstadt | b3*

Sams & Son: Eldorado für Sammler und Liebhaber alter Gepäckstücke

10 HOLZ-LEUTE

Ob Pfeffermühlen, Bürsten, Schachbretter oder Schalen – in dem Geschäft in der backsteinernen Ladenzeile am Viktualienmarkt steht der Werkstoff Holz voll im Rampenlicht. Tolle Auswahl an schönen Mitbringseln. *Mi–Fr 10–19, Sa 10–18 Uhr | Viktualienmarkt 2 | holz-leute.de | U/S-Bahn Marienplatz | Altstadt | c3*

11 LIVINGROOM

Julia Prislins Schatzkammer für geschmackvolle Vintage-Einrichtungsgegenstände und Mode im Boho-Style ist einen Abstecher zum Wiener Platz wert. Einen guten Cappuccino und ein Croissant hat sie auch immer parat für eine kurze Shoppingpause. *Di–Fr 10–18, Sa 10–16 Uhr | Wiener Platz 2 | livingroom.la | U 4/5, Tram Wiener Platz | Au-Haidhausen | K7*

12 THE DANISH GIRL

Besitzerin Nike Strümpel ist keine Dänin, aber sie mag den entspannten, unaufgeregten dänischen Einrichtungsstil. Ruhige Farben und natürliche Materialien prägen ihr einladendes Einrichtungsgeschäft. Wer auf helles Holz, Korblampen oder Teppiche und Kissen mit Ethnomustern steht, ist hier richtig! *Mo–Fr 11–18, Sa 11–16 Uhr | Franz-Joseph-Straße 46 | thedanishgirl.de | U 3/6 Giselastraße | Schwabing | H4*

13 NYMPHENBURGER PORZELLAN

Der Laden im Schlossrondell versprüht den Hauch des Exquisiten und der handwerklichen Tradition (seit 1747). Die meisten Stücke sind ebenso erlesen wie unbezahlbar, es gibt aber auch „Kleinigkeiten" wie Espressolöffel und Flaschenkorken. *Mo–Fr 10–18.30, Sa 10–16 Uhr | Nördliches Schloßrondell 8 | nymphenburg.com | Tram, Bus 51/151 Schloss Nymphenburg | Nymphenburg | C4*

14 SERVUS HEIMAT

Dass Bayern der Nabel der Welt ist, davon sind viele Einheimische fest überzeugt. Alle, die das noch nicht glauben, schauen am besten in dem Laden für „Heimatliebe und Herzlichkeit" vorbei. Dank T-Shirts, Accessoires und Geschenkideen mit bajuwarischem Einschlag werden sie ihre Meinung bestimmt bald ändern. *Mo–Sa 10–19 Uhr | Sendlinger Str. 1 (Ruffinihaus) | servusheimat.com | U/S-Bahnhof Marienplatz | Altstadt | b3*

MÄRKTE & FLOHMÄRKTE

Den ein oder anderen Schatz aus zweiter Hand finden Trödelfans z. B. auf dem *Flohmarkt Riem am Messeturm (Sa, falls keine Messe | U 2 Messestadt-Ost | S7)* oder auf dem *Flohmarkt im Olympiapark* auf der Parkharfe vor dem Olympiastadion *(Fr/Sa | Tram 20/21 Olympiapark West | F3).*

15 MARKT AM WIENER PLATZ

Den kleinen Markt am Wiener Platz umgeben niedrige historische Häuser und Lokale mit Außenplätzen. Ideal, um nach dem Kauf von Lebensmitteln oder Blumen ein Päuschen einzulegen. *Mo–Sa | U 4/5 Max-Weber-Platz | Au-Haidhausen | K7*

16 VIKTUALIENMARKT ★

Münchens größter und ältester Lebensmittelmarkt (seit 1807) hat sich viel Atmosphäre bewahrt. Er steht für hohe Qualität und ebensolche Preise. An den Ständen werden Obst und Gemüse aus dem Umland verkauft, Kräuter, Blumen, Milchprodukte, Eier, Wein, Brot, Senf und Honig. In den Hallen gibt es Fisch und Wild; die Metzger haben eine eigene Ladenzeile in den Arkaden unter dem Petersberg. Die an Münchner Originale erinnernden Brunnen werden von den Marktleuten regelmäßig mit frischen Blumen geschmückt. *Mo–Sa | U/S-Bahnhof Marienplatz | Altstadt | c3*

MODE & ACCESSOIRES

17 ABOUT GIVEN

Auf Organic Fashion setzt dieser Shop in der Baaderstraße. Hier geht nichts über den Ladentisch, was nicht ökologisch und ethisch korrekt hergestellt wurde. Das Sortiment für Frauen und Männer umfasst hochwertige Basics, trendige Saisonteile und zeitlose Lieblingsoutfits, dazu gibt's die passenden Accessoires. *Mo–Sa 11–19 Uhr | Baaderstr. 55 | aboutgiven.de | U 1/2 Fraunhoferstraße | Glockenbach | J8*

18 ALEXA'S

Die Institution für Vintage-Klamotten von den Fifties bis zu den Eighties in München. Mit etwas Glück findest du auch Schnäppchen von Dior, Chanel oder Yves St. Laurent. *Mi–Fr 13–19, Sa 11–18 Uhr | Utzschneiderstr. 10 | alexas.de | U/S-Bahnhof Marienplatz | Glockenbach | c4*

19 FÜNF HÖFE ★ ☂

In diesem Ensemble aus Höfen und Passagen präsentiert die bayerische Metropole sich weltläufig: Die elegante Shoppingmall kann es mit den großen Konkurrenten in New York und Paris aufnehmen. Von der Buchhandlung bis zur Edelboutique, vom Glasladen bis zur Kunsthalle, von Schumann's Tagesbar bis zum Restaurant Barista ist hier Münchner Lebensgefühl komprimiert. Tolles Selfiemotiv: Stell dich unter die große schwebende Kugel „Sphere" von Ólafur Elíasson! *Zwischen Theatiner- und Kardinal-Faulhaber-Str. | fuenfhoefe.de | U 3/6 Odeonsplatz | Altstadt | c2*

Nie ohne frische Blumen: Karl-Valentin-Brunnen auf dem Viktualienmarkt

INSIDER-TIPP
Selbstporträt mit Stahlkugel

20 A KIND OF GUISE ★

Designt in München, produziert in Deutschland: Das Duo Yasar Ceviker und Susi Streich kreiert zeitlose, qualitätvolle Mode und verkauft sie in Shops in München und Berlin. Wer zum neuen Outfit noch eine Sonnenbrille braucht, wird ebenfalls *kind of happy. Mo–Fr 12–19, Sa 12–18 Uhr | Adalbertstr. 41b | akindofguise.com | U 3/6 Universität |* Maxvorstadt | *H5*

21 JAN&INA

Janina Albrecht entwirft jede Saison neue Trachtenmode für Damen und Herren, unter dem Motto „moderne Tradition". In ihrem Shop in Schwabing gibt es alles, was das Trachtenträgerherz höher schlagen lässt. Auch maßgeschneiderte Hochzeitsdirndl kann frau sich hier anfertigen lassen. *Di–Fr 11–19, Sa 11–16 Uhr | Hiltenspergerstr. 36 | janinatrachten.de | U 2 Hohenzollernplatz |* Schwabing | *H4*

22 HANNIBAL

Das reine Männerlabel trägt den Namen seines Hausherrn: Simon Hannibal Fischer. Es steht für puristisches Design mit Schwerpunkt Anzugmode und Streetwear. Ein Hauch Avantgarde schwingt auch mit. *Di 14–19, Mi–Sa 11–19 Uhr | Pestalozzistr. 17 | hannibal-collection.com | U 1/2/3/6 Sendlinger Tor |* Glockenbach | *H8*

23 HIRMER ★

Das größte Herrenmodehaus der Welt erstreckt sich neben der Frauenkirche über sechs Etagen. Edelmarken wie Boss oder Burberry sind ebenso selbstverständlich wie die hauseigene Schneiderei. Im Untergeschoss sind neueste Modetrends zu haben, während der Businessmann von Welt auf der Suche nach Anzügen in den 3. Stock fährt. *Mo–Sa 10–19 Uhr | Kaufingerstr. 28 | hirmer.de | U/S-Bahnhof Marienplatz |* Altstadt | *b3*

Klackern statt Klicken: Bei Beck kannst du dich noch reihenweise durch CDs wühlen

24 IKI M.

Bei Iki M. hat man sich Nachhaltigkeit auf die Fahne geschrieben. Hier findet sich nur neue Mode, die mit Rücksicht auf Natur und Mensch produziert wird. Auch Secondhand- und Vintage-Fashion bekommen eine zweite Chance. *Mo–Fr 11–19, Sa 11–18 Uhr | Adalbertstr. 45 | iki-m.de | Tram Nordendstraße | Maxvorstadt | H5*

25 ES CE CONCEPT

Boutique im Westen Schwabings mit Fokus auf Kaschmirmode, teils auch aus recycelter Wolle. Vor allem Frauen können sich hier auf zwei Stockwerken mit kuschelweichen Kleidungsstücken und alltäglichen Basics eindecken. Stilvolle Wohnaccessoires und Dekoartikel runden das Angebot ab. *Mi–Fr 11–19, Sa 10–16 Uhr | Ainmillerstr. 28 | cashmere-fashion.de | U 3/6 Giselastraße | Schwabing | J4*

26 ELIEV

Der Syrer Mohamad Alhamod wollte schon als Schüler Modedesigner werden. Nach der Flucht vor den Kriegswirren hat er sich seinen Traum mit einer eigenen kleinen Boutique nahe dem Gärtnerplatz erfüllt. Nahöstliche treffen hier auf europäische Einflüsse, und fast ausschließlich sind Naturmaterialien im Spiel. *Di–Sa 11–19 Uhr | Baaderstr. 60 | eliev.de | U 1/2 Fraunhoferstraße | Glockenbach | J8*

27 LUDWIG BECK

Das etwas andere Kaufhaus: originell, witzig, charmant. Bei Beck gibt es neben populären Qualitätskollektionen, Trachtenmode und einer großen Knopf- und Strumpfabteilung auch Labels aufstrebender Jungdesigner. Einzigartig sind Auswahl und Angebot der auf Klassik, Jazz und Weltmusik spezialisierten Musikabteilung. In Wohnzimmeratmosphäre kannst du genüsslich probehören; es gibt Live-Interviews und Mini-Konzerte. *Mo–Sa 10–20 Uhr | Marienplatz 11 | kaufhaus.ludwigbeck.de | U/S-Bahnhof Marienplatz | Altstadt | c3*

INSIDER-TIPP
Ja, es gibt sie noch: die CD

28 OBERPOLLINGER ★

Ausgezeichnet als eines der besten und modernsten Kaufhäuser Europas, bietet diese Shoppingoase auf Stachus-Höhe internationale Luxuslabels von Armani bis Zadig & Voltaire. Bemerkenswert ist die Premium-Beauty-Abteilung im Erdgeschoss. Das Restaurant in der 5. Etage mit der schönen Dachterrasse ist ideal für eine Shoppingpause. *Mo–Sa 10–20 Uhr | Neuhauser Str. 18 | oberpollinger.de | U/S-Bahnhof Karlsplatz | Altstadt | a2*

29 DIE MERCERIE

Mercerie ist das französische Wort für Kurzwarenladen. Das passende Angebot aus hochwertiger Wolle und Strickzubehör bietet die Mercerie in Neuhausen. Die Garne sind großteils handgefärbt, einige handgesponnen. Im Café kann man bei Tee und Törtchen gleich losstricken oder mit anderen Tipps, Tricks und Ideen austauschen. *Di/Mi 11–16, Do/Fr 11–18.30, Sa 10–14 Uhr | Nymphenburger Str. 96 | diemercerie.com | U 1 Maillingerstraße | Neuhausen | F5*

30 ROECKL

Das Traditionsunternehmen fertigt seit 1839 hochwertige Handschuhe an. Einmal im Laden, verfällst du schnell dem Reiz der qualitätvollen Produkte (zum Sortiment gehören auch Tücher, Taschen, Schals und Strickmützen). Nicht selbstverständlich: Die Verkäuferinnen erkennen auf einen Blick deine Handschuhgröße. *Mo–Do 10–19, Fr/Sa 10–20 Uhr | Marienplatz 8 | roeckl.com | U/S-Bahnhof Marienplatz |* Altstadt | *c3*

31 KAUF DICH GLÜCKLICH

Der Concept Store nahe der Universität ist eine Fundgrube für angesagte Styles kleinerer Designer, egal ob es sich um Damen- oder Herrenmode dreht. Eine glücklich machende eigene Kollektion gibt's auch. Wer sein neues Outfit abrunden möchte, findet hier zudem Schuhe, Schmuck und Taschen. *Mo–Sa 10.30–20 Uhr | Schellingstraße 23 (Filiale Reichenbachstr. 14) | kaufdichgluecklich.shop.de | U 3/6 Universität |* Maxvorstadt | *H5*

32 DEAR GOODS

Hier gibt's nur Kleidung, Accessoires und Taschen aus fairer Produktion und fairem Handel. Möglichst ökologisch und vegan sollen die Produkte außerdem sein. Auf Labels wie Greenbomb, Komodo oder Hempage trifft das voll und ganz zu. In Schwabing ist die Auswahl am größten, aber auch im Glockenbach gibt es zwei Anlaufstellen *(Am Glockenbach 12, Baaderstr. 65). Mo–Fr 10.30–20, Sa 10–18.30 Uhr | Friedrichstr. 28 | deargoods.com | U 3/6 Giselastraße |* Schwabing | *J4*

33 STEREO MUC

Der Multibrand-Store ist an den Odeonsplatz umgezogen und umgarnt inzwischen nicht nur die Herren der Schöpfung, sondern auch die Damen mit einem eigenen Shop. Hochwertige Sportswear und junge Designermode von mehr als 50 Labels warten hier auf insgesamt eher solvente Shoppende. *Mo–Sa 10–19 Uhr | Odeonsplatz 12 | stereo-muc.de | U 3–6 Odeonsplatz |* Altstadt | *c1*

34 SUSANNE BOMMER ★

Zuerst ein Laden in Haidhausen, dann im Gärtnerplatzviertel: Die Entwürfe der Münchner Designerin Susanne Bommer sind schlicht, oft einfarbig und immer tragbar. Vielfach muten sie wegen ihrer klaren Form und Farbgebung asiatisch an. *Mo–Fr 11–19, Sa 11–18 Uhr | Rumfordstr. 4 | susanne bommer.de | Tram Reichenbachplatz |* Glockenbach | *c4*

SCHUHE

35 EDUARD MEIER ★

Deutschlands ältestes Schuhhaus: Der Laden ist Hoflieferant seit 1596. Auf der Visitenkarte heißt es denn auch altmodisch-charmant: „Feine Schuhwaren, Jagdanzüge, Fliegenfische". Sogar Schuhputzseminare kannst du hier besuchen – gutes Leder will schließlich gepflegt sein –, und der Chef hält auch schon mal Vorträge zum Thema „Schuhknigge". *Mo–Sa 10.30–19 Uhr | Brienner Str. 10 | edmeier.de | U 3–6 Odeonsplatz |* Altstadt | *c2*

INSIDER-TIPP
Gut geputzt hält länger

36 HALFS

Halfs macht die besten Haferlschuhe Münchens – früher Schuhwerk für Jäger und Bergbauern, heute Muss für modebewusste Wiesn-Besucher. Wer's moderner mag: Achim Wünsch hat auch Ideen für sportliche wie elegante Varianten des Klassikers. *Di/Mi, Fr 11–18, Do 11–20, Sa 11–15 Uhr | Feilitzschstr. 35 | halfs.de | U 3/6 Münchner Freiheit* | *Schwabing* | *K4*

37 MILLA SHOES

Bei vielen Frauen schlägt das Herz sofort höher, wenn sie ins Schaufenster des kleinen Shops am Wiener Platz schauen. Die extravaganten und handwerklich hochwertigen Schuhe, meist aus Italien und Spanien, scheinen insgeheim „Kauf mich!" zu rufen. Außerdem locken farbenfrohe Accessoires und Kosmetik vom italienischen Hersteller Lerbolario. *Mo–Fr 10–19, Sa 10–18 Uhr | Innere Wiener Str. 46 | millashoes.com | U 4/5 Max-Weber-Platz* | *Au-Haidhausen* | *K7*

38 SCHUH BERTL

Ein Münchner Unikat, der Schuh-Bertl. Und mit seinen Haferlschuh-Kreationen immer am Puls der Zeit. Erfrischend anders ist auch die Sneaker-Kollektion. Auf Wunsch Maßanfertigungen. *Di–Fr 11–20, Sa 11–18 Uhr | Kohlstr. 3 | schuhbertl.com | S-Bahnhof Isartor* | *Glockenbach* | *d4*

39 KICKZ MONACO

Her mit dem Kick des Neuen! Dieser Store an der Münchner Freiheit hat jede Menge schicke Sneakers. Bei ca. 50 verschiedenen Marken haben flexible Fashionistas die Qual der Wahl. Zum sportlichen Schuh gibt's auch Beinkleider und Streetwear. *Mo–Do 12–19, Fr/Sa 11–19 Uhr | Feilitzschstr. 1 | kickz.com | U 3/6 Münchner Freiheit* | *Schwabing* | *J4*

Schnörkellos: Susanne Bommer steht für klare, schlichte Formen

40 MORGANTINI

„Das Glück liegt in den Schuhen" – schöner Leitspruch. Um Fortuna auf den Fersen zu bleiben, musst du aber ein bisschen was hinblättern: Die Markenschuhe der überwiegend italienischen Hersteller haben ihren Preis. Für obenrum gibt's bei Morgantini außerdem schöne Oberteile in Strick, Kaschmir oder Jersey. *Mo–Fr 10.30–19, Sa 10–18 Uhr | Reichenbachstr. 16 | morgantini.de | U 1/2 Fraunhoferstraße* | *Glockenbach* | *c4*

AUSGEHEN & FEIERN

In der Landeshauptstadt erstrahlen Kultur und Nightlife in allen Schattierungen. Und doch stellt sich die Frage: Weltstadt oder Millionendorf? Die Palette an Ausgehadressen ist zwar bunt und vielfältig, doch die letzten Undergroundrefugien werden gerne luxussaniert, und der Amtsschimmel zeigt sich eher konservativ als kooperativ.

Wer sich vorab informiert, wann wo was los ist und Standvermögen (bei den Türstehern), Entdeckungslust (man weiß nie genau, was warum wann in ist) und viel Kleingeld mitbringt, wird keine Mühe

München leuchtet – besonders bei Nacht

haben, sich bis in den Morgen zu amüsieren. Die beliebtesten Ausgehviertel: Gärtnerplatz und Glockenbachviertel (Neueröffnungen im Monatsrhythmus, viele Szenegänger, LGBTQ+), Schwabing (Traditionskneipen, Comedy und Kabarett), Haidhausen (einige der besten Münchner Bars), Maxvorstadt (studentisch geprägt), Westend und Schlachthofviertel (aufstrebend, alternativ). Neuestes Trend-Quartier der Isarmetropole ist das Werksviertel-Mitte, das gerade hinter dem Ostbahnhof heranwächst und mit einem kunterbunten Containerdorf und mehreren Rooftop-Bars lockt.

WO MÜNCHEN AUSGEHT

MARCO POLO HIGHLIGHTS

★ **MAXIMILIANSPLATZ**
Das Ausgehmekka im Herzen der Stadt ➤ S. 102

★ **LUSTSPIELHAUS**
Hier sorgt die erste Liga des Kabaretts für Heiterkeit ➤ S. 106

★ **CINEMA**
Programmkino mit Kultstatus und Top-Popcorn ➤ S. 106

★ **ALTE UTTING**
Ausrangierter Ausflugsdampfer zum Chillen ➤ S. 105

★ **CUVILLIÉS-THEATER**
Das Rokoko-Schmuckstück unter den Theaterhäusern ➤ S. 111

★ **BLITZ**
Internationale Star-DJs und super Soundanlage ➤ S. 104

★ **FRAU IM MOND**
Rooftop-Bar mit Isarblick, DJ-Sets und Gaumenkitzlern ➤ S. 100

★ **KONGRESS BAR**
Zeitreise in die Fifties mit Cocktail-Klassikern ➤ S. 101

Belgradstraße
Leopoldstraße
Lustspielhaus
Schwabing
Englischer Garten
Dietlindenstraße
Arcisstraße
FEIERBANANE
Zwischen Sendlinger Tor und Maximiliansplatz: die berühmte „Feierbanane"
Ifflandstraße
Maxvorstadt
Lud
Bogenhausen
Prinzregentenstraße
Maximiliansplatz
Cuvilliés-Theater
Isar
Ismaninger Straße
Altstadt
Maximilianstraße
Maximilian-
anlagen
Blumenstraße
Blitz
Erhardtstraße
Frau im Mond
München-Ost
S
Au-Haidhausen
Rosenheimer Straße
WERKSVIERTEL-MITTE
After-Work-Treff, Party-Location und kulinarische Spielwiese
400 m
437 yd

BARS

1 BARROOM

It's a family affair! Münchens intimste Bar (Full House mit 20 Gästen) hat mit Emanuele Ingusci einen Mixologen mit ausgeprägtem Gastgeber-Gen zu bieten. Wer bei ihm eine hochprozentige Rum-Reise bucht, kann schon mal in Indien oder Australien landen. Also, nicht lang rumdrucksen, lieber Rum probieren! *So/Mo geschl.* | *Milchstr. 17* | *barroom-muenchen.de* | *S-Bahnhof Rosenheimer Platz* | *Haidhausen* | *K8*

INSIDER-TIPP
Einmal rum die Welt

2 FRAU IM MOND ★

Jetzt sind Münchner Gastronomen sogar dem Deutschen Museum aufs Dach gestiegen. Die Rooftop-Bar Frau im Mond im Südteil des Museums bietet auf der großzügigen Dachterrasse einen tollen Blick auf gleich drei Isarbrücken. Tagsüber mit Frühstück und Lunch eher auf das Museumspublikum eingestellt, verwandelt sich das Bar-Restaurant abends in einen stilvollen Dinner-Spot für Pärchen oder Gruppen. Und zum Trinken? Der Sommelier hat immer top Weinempfehlungen. Und der Instagram-taugliche Signature-Cocktail Moon Mule kommt natürlich in einem mondförmigen Gefäß. *Tgl.* | *Museumsinsel 1* | *frauimmond.bar* | *U 1/2 Fraunhoferstraße* | *Au-Haidhausen* | *J8*

WOHIN ZUERST?

Die leicht per pedes zu bewältigende, etwa 1 km lange Strecke **Müllerstraße – Sonnenstraße – Maximiliansplatz** *(H6–8)* ist ideal für einen abendlichen Bummel, um Bekanntschaft mit dem Münchner Nachtleben zu schließen. Dutzende Locations verschiedenster Couleur sind dort und in den Nebenstraßen zu entdecken. Im Bereich Müllerstraße feiert auch die schwule Szene sehr gern, während sich rund um den Stachus eher die jüngere Fraktion tummelt. U 1/2/3/6 Sendlinger Tor

3 LOLA BAR

Lola Bar klingt verrucht, passt aber, denn im Vorgängerlokal stürzten angeblich schon Freddie Mercury, Hildegard Knef und andere Promis ab. Das Klavier von damals steht noch da, nur das Publikum hat sich deutlich verjüngt. Dafür ist die Stimmung immer noch gut, die Einrichtung hat ordentlich Patina, und die Musik regt zum Tanzen an. *So/Mo geschl.* | *Ickstattstr. 2a* | *lola-bar.de* | *U 1/2 Fraunhoferstraße* | *Glockenbach* | *H8*

4 GIN CITY

Die Gin-Auswahl in dieser zweistöckigen Bar erschlägt einen fast: Waren es anfangs nur 30 Sorten, bekommt man hier inzwischen über 350 wacholdrige Marken. Unser Tipp: Das After-Work-Gin-Tasting jeden Donnerstag mit fünf wechselnden Gins, fünf Tonics und belegten Canapés für eine bessere Grundlage. *So/Mo geschl.* | *Speicherstr. 20* | *gincity.de* | *U/S-Bahnhof Ostbahnhof* | *Werksviertel* | *L9*

5 SALON PITZELBERGER

Stilvolle, verwinkelte Pianobar im Souterrain des Gärtnerplatztheaters mit DJ-Pult und kleiner Bühne als Plattform für Künstler und spontane Live-Performances. Die alkoholische Signatur liefern Kir-Variationen wie der Kir Pitzelberger mit Pfirsichlikör. Auch gut: der Spritz Gärtnerplatz mit Rosmarin und Johannisbeere. *So–Di geschl. | Gärtnerplatz 3 | salonpitzelberger.de | U 1/2 Fraunhoferstraße | Glockenbach | c4*

INSIDER-TIPP
Roter Samt, Vinyl und ein altes Klavier

6 GRIABIG

Nicht jeder mag Cocktails, manche bevorzugen Wein. Eine behagliche, lauschige, eben „griabige" (auf Hochdeutsch: gemütliche) Örtlichkeit ist die Weinbar von Bernd Arold. Die etwa 100 verschiedenen guten Tropfen stammen größtenteils aus deutschen und österreichischen Anbaugebieten. *So geschl. | Bräuhausstr. 8 | das-griabig.de | U/S-Bahnhof Marienplatz | Altstadt | d3*

7 KONGRESS BAR ★

Die Kongresshalle am alten Messegelände wurde 1952 gebaut, entsprechend hat sich auch die im früheren Teehaus befindliche Kongress Bar konzeptionell den Fifties verschrieben. Auf die Gäste warten Nierentische, eine ovale Bar mit Lederverkleidung und viele klassische Drinks wie Sazerac oder Mizner's Dream, dazu regelmäßig nostalgisch machende Partys mit lang nicht mehr gehörten Oldies oder auch Live-Jazz. *So–Di geschl. | Theresienhöhe 15 | kongress bar.de | U 4/5 Schwanthalerhöhe | Westend | F8*

Mit kreativen Drinks und relaxtem DJ-Sound punktet die Frau im Mond

8 SCHUMANN'S

Charles Schumann, einer der berühmtesten Barkeeper Deutschlands, lockt immer noch gleichermaßen Gimlet-Freunde und Roastbeef-Fans in seine dreigeteilte Bar am Hofgarten. Wer im Hauptraum keinen Platz findet, geht die Treppen zum *Les Fleurs du Mal (Sa/So geschl.)* hoch und lässt sich am 9 Meter langen Tisch aus Nussbaumholz fachkundig beraten. Tagsüber kannst du im angeschlossenen *Camparino (Sa geschl.)* Drinks genießen und bis 15 Uhr lunchen. *Sa geschl. | Odeonsplatz 6–7 | schumanns.de | U 3–6 Odeonsplatz | Maxvorstadt | c1*

INSIDER-TIPP
Steig in den ersten Stock

9 HERZOG

„Adeliger" Szenespot am Stachus, genau dort, wo einst Herzog Wilhelm V. von Bayern die Maxburg errichtete. Schickes Ambiente, die Cocktails sind geschmacklich und optisch top. Mit Eighties-typischem Schirmchen dekoriert und dezent in Packpapier eingehüllt, überrascht etwa der „Rumtata" mit enormer Süffigkeit. *So/Mo geschl. | Maxburgstr. 4 | herzog.bar | U/S-Bahnhof Karlsplatz | Altstadt |* *b2*

INSIDER-TIPP
Köstlich unscheinbar

Kultur in ausrangierten U-Bahn-Waggons und Containern: Bahnwärter Thiel

CLUBS & DISCOS

10 MAXIMILIANSPLATZ ★

Nördlich des Stachus in Laufweite von der Sonnenstraße ballen sich die Partytempel: In einem ehemaligen Versicherungsgebäude am Maximiliansplatz 5 sind gleich fünf Clubs versammelt. Am bekanntesten ist der Münchner Ableger der Diskokette *Pacha (So–Mi geschl. | pacha-muenchen.de)*. Hier gibt's natürlich vor allem Ibiza-House auf die Ohren. Nebenan in der Flirthochburg *089 Bar (So geschl. | 089-bar.de)* laufen die stimmungsförderlichen Hits der vergangenen fünf Jahrzehnte im Dauermix.. Das absolute Kontrastprogramm läuft dagegen im Keller der *Roten Sonne (So–Mi geschl. | rote-sonne.com)*. Elektro und Minimal Wave stehen im Underground-Eldorado auf dem Spielplan. Ebenfalls im Tiefgeschoss, aber kommerzieller und jünger im Altersdurchschnitt ist der *Sweet Club (So–Do geschl. | sweetclub.de)*. Weitere Markenzeichen: zwei Floors und die nur für Mädels reservierte *Einhorn*-Bar. Etwas teurer fällt die Preisskala ums Eck im *Call Me Drella (Max-Joseph-Straße 1 | So–Di geschl. | drella.de)* aus. Hier bekommt man Paradiesvögel, Aktionskünstler und wild verkleidete Barmänner zu Gesicht, die dem verwinkelten zweistöckigen Club einen verruchten Anstrich verpassen. Dazu schallen Elektro- und Hip-Hop-

Sounds vom DJ-Pult hinab auf die Köpfe der wogenden Masse. *U/S-Bahnhof Karlsplatz | Altstadt | b2*

11 MILLA

Gekrümmt wie eine Banane: An einem Ende ist die Decke 2 Meter hoch, am anderen 4 Meter. Egal! Ein in vielerlei Hinsicht schräger, aber sehr liebenswerter Indie-Liveclub, in dem auch Ex-Nationalspieler Mehmet Scholl manchmal den Musik-Maestro gibt. Denn abgesehen vom Liveprogramm kann die Milla auch Party. *Tgl. | Holzstr. 28 | milla-club.de | U 1/2/3/6 Sendlinger Tor | Glockenbach | H8*

12 NY.CLUB

Die letzte schwule Bastion unter den Diskotheken ist im Elisenhof beheimatet und dank vieler Nischen jetzt noch etwas familiärer als früher. Drinnen gibt's energiegeladene Housemusik auf die Ohren, draußen eine großzügige Terrasse, die im Winter beheizt wird. *So–Do geschl. | Elisenstr. 3 | nyclub.de | U/S-Bahnhof Hauptbahnhof | Maxvorstadt | G7*

13 P 1

Das „Einser", wie die Locals liebevoll sagen, ist immer noch schick designt und mit der wohl schönsten Clubterrasse der Stadt ausgestattet. Aber der legendäre Promimagnet von einst ist jetzt auf junges Volk gepolt. Die Türsteher selektieren auch nicht mehr ganz so kritisch wie früher. Bunte Szenevögel, schicke Ladys und bekannte Gesichter haben die besten Karten. *So–Di geschl. | Prinzregentenstr. 1 | p1-club.de | U 4/5 Lehel | Lehel | d1*

14 PARADISO

In diesen Räumlichkeiten tanzten schon Freddie Mercury, Mick Jagger und David Bowie ab. Kristalllüster, roter Samt und Spiegel verbreiten anregende Atmosphäre. Leute kennenzulernen ist kein Problem. Hits und Klassiker sorgen für ausgelassene Stimmung. Früh kommen, die Schlange ist oft ellenlang – sonst einfach nach nebenan in die dazugehörige *Rodman Bar (So–Do geschl.)* ausweichen und später noch einen Versuch starten. *So–Do geschl. | Rumfordstr. 2 | paradiso-tanzbar.de | Tram Reichenbachplatz | Glockenbach | c4*

15 BAHNWÄRTER THIEL

Mehr nach Berliner Underground sieht es in München wohl nirgendwo aus als auf dem Gelände des Bahnwärter Thiel im Schlachthofviertel. Ausrangierte Tram- und U-Bahnwagen, bemalte Schiffscontainer, zusammengezimmerte Sitzmöbel und obskure Dekoration, wohin das Auge blickt. Bis 2027 läuft der Mietvertrag für dieses alternative Kleinod noch. *So–Di geschl. | Tumblingerstr. 45 | bahnwaerterthiel.de | U 3/6 Poccistraße | Isarvorstadt | G9*

16 PALAIS CLUB

Wenn die Nacht mal wieder kein Ende findet, könnte das an der mitreißenden elektronischen Musik im kuschelig-plüschigen Palais Club liegen. Hier ist Samstag- und Sonntagfrüh immer After Hour bis in den Vormittag angesagt, da kann man die Uhrzeit schon mal vergessen. Am früheren Abend geht's noch ruhig mit Barprogramm los, spätestens um 3 Uhr wirken dann aber die Tanzflächen-Magneten der DJs. *So–Do geschl. | Arnulfstr. 16–18 | palaisclub.de | U/S-Bahnhof Hauptbahnhof | Maxvorstadt | G6–7*

17 MILCHUNDBAR

Von Milch trotz des Namens keine Spur, dafür gibt's eine breite Palette an starken Longdrinks, die die Zunge lockern helfen. Dazu Musik aus den Charts und allgemeinverträgliche Dance-Beats in tiefroter Atmosphäre. Auch an seinem inzwischen vierten Standort ist der Laden ein Flirtparadies. *So geschl. | Sonnenstr. 27 | milchundbar.de | U 1/2/3/6 Sendlinger Tor | Altstadt | a3*

18 NACHTGALERIE

Ausschweifende Tänzer erwartet nach dem obligatorischen Obolus von 13 Euro Eintritt ordentlich Platz in der hallenartigen Disko. Durst können sie ebenfalls mitbringen, denn die Nachtgalerie liegt preislich auf Vernissage-Niveau: Softdrinks, Shots und Bier ab 1 Euro, Longdrinks ab 3 Euro. *So–Do geschl. | Landsberger Str. 185 | nachtgalerie.de | Tram Am Lokschuppen | Schwanthalerhöhe | D7*

19 ENTER THE DRAGON

Tief im Bauch des Drachen wummern am Wochenende die Bässe. Das Vietnam-Restaurant Enter The Dragon verfügt nämlich noch über eine Bar und einen Club unten in den Katakomben, in dem vor allem Hip-Hop-Fans auf ihre Kosten kommen. Tolle Lightshow mit Dutzenden steuerbaren Lichtröhren und einem Himmel aus Lampions. *So–Mi geschl. | Lenbachplatz 1 | enterthedragon.com | U/S-Bahnhof Karlsplatz | Maxvorstadt | a2*

20 BLITZ ★

Das Münchner Pendant zum berühmten Berliner Technobunker *Berghain* flasht einen ziemlich. Außergewöhnlich hochkarätige Bookings reizen an einem geschichtsträchtigen Ort die grandiose Soundanlage voll aus. Instagramer aufgepasst: Es herrscht striktes Fotografierverbot! Dann eben nur tanzen und feiern zu den Beats weltberühmter Produzenten und DJs. *So–Do geschl. | Museumsinsel 1 | blitz.club | Tram Deutsches Museum | Au-Haidhausen | J8*

21 SCHLAGERGARTEN

Wer auf deutsche Schlager, Hits vom Ballermann und Party-Classics abfährt, dürfte mit dem Schlagergarten im Werksviertel sein Glück gefunden haben. Zu besonderen Anlässen nehmen auch mal Malle-Stars das Mikro in die Hand. *So–Di geschl. | Speicherstr. 20 | schlagergarten.de | U/S-Bahnhof Ostbahnhof | Werksviertel | L9*

KABARETT & KLEINKUNST

22 IBERL BÜHNE

Schorsch Maiers kleine Volksbühne bietet mitten in der Stadt breitestes Bayerisch auch für Nordlichter. Mehrfach ausgezeichnet, weiß sie seit über 50 Jahren mit viel Humor und unterhaltsamen Stücken zu überzeugen. Auch das *Theaterstüberl* im 1. Stock punktet dank guter bayerischer Küche.

Herzogspitalstr. 6 | Tel. 089 79 42 14 | iberlbuehne.de | U/S-Bahnhof Karlsplatz | Altstadt | a–b3

23 QUATSCH COMEDY CLUB

Thomas Hermanns Comedy-Institution hat inzwischen auch in München Wurzeln geschlagen. Bei den Live-Shows freitags und samstags in der Nachtkantine bringt jeweils ein Spaß-Quartett aus vier Comedians und einem Moderator das Publikum zum Lachen und Schenkelklopfen. *Speicherstr. 17 | Tel. 030 62 93 29 27 | quatsch-comedy-club.de | U/S-Bahnhof Ostbahnhof | Werksviertel | L9*

24 SCHLACHTHOF

Die Fernsehserie „Zur Freiheit" setzte dem Schlachthofviertel ein Denkmal. Das Wirtshaus war darin der zentrale Drehort. Mit Kabarett, Konzerten und Improtheater sorgt das Wirtshaus heute noch für beste Unterhaltung. *Zenettistr. 9 | Tel. 089 72 01 82 64 | im-schlachthof.de | U 3/6 Poccistraße | Ludwigsvorstadt | G9*

25 ALTE UTTING ★

INSIDER-TIPP
Schiff auf Schienen

Du traust deinen Augen nicht? Doch, du hast richtig gesehen: Sendlings neuestes Wahrzeichen ist ein ausrangiertes Ausflugsschiff auf einer ehemaligen Eisenbahnbrücke. Die „Alte Utting" ist ein lässiges Fotomotiv und ein Ort, an dem die Subkultur dem geschleckten München die Stirn bietet. Ein willkommener Hafen zum Trinken, Essen, Quatschen und Musik genießen. Übers Schiff verteilt gibt es diverse Bars und Essensstände u.a. mit Spezialitäten aus dem Senegal und Gambia. Neben Livekonzerten fahren die Macher auch ein sehens-

Ein Dampfer hebt ab: Die „Alte Utting" ist zum Szene-Hotspot geworden

wertes Kulturprogramm auf. *Tgl.* | *Lagerhausstr. 15* | *alte-utting.de* | *Bus 62 Lagerhausstraße* | *Sendling* | *G9*

26 MÜNCHNER LUSTSPIELHAUS ★

Mal Liedermacherei, mal Kabarett, mal Konzertantes. Hochkarätige Kleinkunst in plüschigem Ambiente mit Kultfiguren aus dem bayerischen Raum: Isarindianer Willy Michl, Politkabarettist und Deutschtürke Django Asül oder die vom Nockherberg bekannte „Mama Bavaria“, Luise Kinseher. *Occamstr. 8* | *Tel. 089 34 49 74* | *lustspielhaus.de* | *U 3/6 Münchner Freiheit* | *Schwabing* | *K4*

27 HOFSPIELHAUS

Was pompös klingt, ist in Wahrheit klein und schnuckelig. Die Hofspielhaus-Theaterbühne im Kellergeschoss entern regelmäßig Kabarettisten und Comedians wie Veronika von Quast, Simon Pearce, Chris Kolonko oder Gabi Lodermeier. Attraktiv: das Komplettpaket für 60 Euro mit Begrüßungsdrink, Essen und Trinken, Bühnenshow und Meet & greet. *Falkenturmstr. 8* | *Tel. 089 24 20 93 33* | *hofspielhaus.de* | *U/S-Bahnhof Marienplatz* | *Altstadt* | *c2*

INSIDER-TIPP
Kultur XXL

KINOS

28 ASTOR CINEMA LOUNGE

Genussreiches Kinoerlebnis im Hotel *Bayerischer Hof* mit Platzservice vor dem Start des Hauptfilms, bequemen Loungesesseln und niveauvoller Cineasten-Kost. Bedienung und Beinfreiheit haben natürlich ihren Preis, aber der gebotene Komfort ist die gut 20 Euro pro Person durchaus wert. *Promenadeplatz 2–6* | *Tel. 089 2 12 08 11* | *astor-cinemalounge.de* | *U-/S-Bahn Karlsplatz* | *Altstadt* | *b2*

29 CINEMA ★

Beliebtes Programmkino, spezialisiert auf fremdsprachige (überwiegend englische) Originalversionen, regelmäßig auch Sneak Previews. *Nymphenburger Str. 31* | *Tel. 089 55 52 55* | *cinema-muenchen.com* | *U 1 Stiglmaierplatz* | *Maxvorstadt* | *G6*

30 MUSEUM LICHTSPIELE

Das kleine und äußerst charmante Kultkino ist das älteste erhaltene Lichtspielhaus der Stadt. Seit 1910 flimmern hier Filme über die Leinwand – heute meist weniger bekannte Produktionen, viele original mit Untertiteln. Seit 1977 fix im Programm: die „Rocky Horror Picture Show“, gezeigt in einem eigens für den Streifen gestalteten Kinosaal. *Lilienstr. 2* | *Tel. 089 48 24 03* | *museum-lichtspiele.de* | *Tram Deutsches Museum* | *Au-Haidhausen* | *K8*

KNEIPEN

31 KENNEDY'S

Guinness und Co. am Sendlinger Tor. Im Sommer bietet das Kennedy's auch im Nacht-Biergarten großstädtische Öffnungszeiten. Neben der bewährten Mischung aus Gerstensaft und Spezialitäten von der grünen Insel gibt's Livemusik, Karaoke-Abende und Sportübertragungen, wenn der

Ball rollt. *Tgl. | Sendlinger-Tor-Platz 11 | Tel. 089 59 98 84 60 | kennedysmunich.de | U 1/2/3/6 Sendlinger Tor | Altstadt | a4*

32 KOOKS

Da kookste! Gekocht wird hier nicht, aber ein gepflegtes Bierchen oder ein Longdrink getrunken, ohne Standesdünkel und Alters-Check. Burlesque-Shows, Kleinkunst, Minikonzerte und DJs schütten dazu Salz in die Suppe. *So geschl. | Geyerstr. 18 | Tel. 0176 98 44 18 16 | kooksbar.com | Bus 131 Baldeplatz | Glockenbach | H9*

33 OCHSENGARTEN

Münchens erste Kneipe für echte Kerle, die gerne Leder, Uniform oder Gummi auf der eigenen Haut spüren, hat schon fast 60 Jahre auf dem Buckel. „Men only" lautet hier die Maxime, nur beim SM-Stammtisch am Donnerstag machen die Jungs eine Ausnahme. Besonders prickelnd sind die Montage mit ihren überaus leichten Bekleidungsvorschriften. *Tgl. | Müllerstr. 47 | Tel. 089 26 64 46 | ochsengarten.de | U 1/2/3/6 Sendlinger Tor | Glockenbach | a4*

34 STADION AN DER SCHLEISSHEIMER STRASSE

Ein Stadion unter der Rubrik „Kneipen"? Diese spezielle Public-Viewing-Arena ist eine Fußballhochburg mit Zapfhahnanschluss. Eine Riesenleinwand, Kunstrasen an der Decke, Fandevotionalien an der Wand, enge Bestuhlung wie im echten Stadion – was will der Fußballfan mehr? Sogar Sportkanäle schalten regelmäßig live in die

Im Gleichtakt: Münchner Symphoniker im Prinzregententheater

gute Stube. *Mo geschl. | Schleißheimer Str. 82 | Tel. 089 52 97 36 | stadionanderschleissheimerstrasse.de | U 2 Theresienstraße | Maxvorstadt | G5*

KONZERTE & OPER

35 PRINZREGENTENTHEATER

Wird vornehmlich als Konzertsaal genutzt und rühmt sich, die beste Akustik der Stadt zu haben. Wunderschönes Café. *Prinzregentenplatz 12 | Tel. 089 21 85 02 | prinzregententheater.de | U 4 Prinzregentenplatz | Bogenhausen | L7*

36 NATIONALTHEATER

Münchens Oper und Haus Nummer eins, sowohl künstlerisch als auch die Höhe der Subventionen betreffend.

Die Opernfestspiele im Juli sind ein absolutes Highlight im Müncher Kultursommer. *Max-Joseph-Platz 2 | Tel. 089 21 85 19 20 | staatsoper.de | Tram Nationaltheater | Altstadt | c2*

37 HERKULESSAAL

Klassisches in klassizistischer Umgebung: Der Herkulessaal der Residenz mit seinen großen Wandteppichen ist der Wallfahrtsort des Münchner Konzertpublikums. *Residenzstr. 1 | Eingang Hofgartenstr. | Tel. 089 29 06 71 | U 3–6 Odeonsplatz | Altstadt | c2*

KULTURZENTREN

38 GASTEIG HP8

Das bekannte Kulturzentrum Gasteig ist interimsweise von Haidhausen nach Sendling übergesiedelt und trägt jetzt den Zusatz HP8 im Namen, wegen der Adresse Hans-Preißinger-Straße 8. Das Ausweichquartier der Münchner Philharmoniker und der Stadtbibliothek-Zentrale während der Sanierung des Originalbaus wird voraussichtlich bis 2027 bestehen. Vielleicht auch länger, denn die Isarphilharmonie in der denkmalgeschützten Halle E stößt auch bei Hobby-Akustikern auf große Begeisterung. *Hans-Preißinger-Str. 8 | Tel. 089 48 09 80 | gasteig.de | U-Bahnhof Brudermühlstraße | Sendling | G10*

39 FEIERWERK

Wie der Name schon andeutet, ist im Feierwerk mit seinen vier Veranstaltungsräumen vor allem Feiern angesagt. Aber auch andere „Kulturen" haben hier ihren Platz – und das seit über 30 Jahren. Neben den fast täglich stattfindenden Konzerten freuen sich Kulturjunkies über Theater- und Tanzaufführungen, Lesungen, Filmvorführungen und Ausstellungen. *Hansastr. 39–41 | Tel. 089 72 48 80 | feierwerk.de | U/S-Bahnhof Heimeranplatz | Sendling-Westpark | E8*

40 PASINGER FABRIK

Eines der ehrgeizigsten Kulturprojekte der Stadt entstand ausgerechnet in Pasing, einem Ortsteil, in dem sich die Bewohner eher als Pasinger denn als Münchner verstehen. In dem alten Fabrikgebäude werden Ausstellungen, Theater und Musik geboten, das freie Theater *Viel Lärm um nichts* und Münchens kleinstes Opernhaus sind hier beheimatet. Nach den Vorstellungen sorgt das hausinterne Restaurant mit Bar und Biergarten für das leibliche Wohl. *August-Exter-Str. 1 | Tel. 089 82 92 90 79 | pasinger-fabrik.de | S-Bahnhof Pasing | Pasing | b6*

MUSIKKNEIPEN & MUSIKCLUBS

41 BACKSTAGE

Hart und heavy, laut, jung, schräg. Das Backstage ist gewissermaßen das Crossover-Mekka der Stadt, aber auch Reggaefans und Elektroniker fühlen sich hier wohl. Fünf individuell bespielbare Flächen und ein lauschiger Nachtbiergarten sorgen jedenfalls für viel Abwechslung und ein ziemlich gemischtes Publikum. *Tgl. | Reitknechtstr. 6 | Tel. 089 1 26 61 00 | backstage.eu | S-Bahnhof Hirschgarten | Neuhausen-Nymphenburg | D6*

42 JAZZCLUB UNTERFAHRT

Zu fairen Eintrittspreisen tritt hier die hochkarätige Münchner Szene meist zusammen mit internationalen Jazzstars auf. Jeden Sonntagabend wird zur Jam Session aufgespielt. *Tgl. | Einsteinstr. 42 | Tel. 089 4 48 27 94 | unterfahrt.de | U 4/5 Max-Weber-Platz | Au-Haidhausen | ꕤ L7*

43 MUFFATWERK

Ursprünglich war das hübsche Jugendstilgebäude mal ein Heizkraftwerk – heute wird hier mit Konzerten, Tanz, Theater und Performances eingeheizt. Neben der subventionierten Subkultur ziehen ein prima Café, der Szeneclub *Ampere (Fr/Sa)* und im Sommer ein lauschiger Biergarten auf der Hallenrückseite mit Biofleisch-Spezialitäten und vegetarischen Gerichten die Besucher an. *Tgl. | Zellstr. 4 | Tel. 089 45 87 50 10 | muffatwerk.de | S-Bahnhof Rosenheimer Platz oder Isartor | Au-Haidhausen | ꕤ K8*

INSIDER-TIPP
Biergarten mit Biotouch

44 NIGHT CLUB IM BAYERISCHEN HOF

In einem der renommiertesten Jazzläden Münchens gastieren von Klaus Doldinger bis George Benson die Großen der Szene. Während sonst in der Stadt die wenigen Jazzclubs ums Überleben kämpfen, tobt hier das (Musiker-)Leben. Die Getränke sind zwar teuer, aber musikalisch geht man hier kaum ein Risiko ein. *So/Mo geschl. | Promenadeplatz 2–6 | Tel. 089 2 12 09 94 | bayerischerhof.de | U/S-Bahnhof Marienplatz, Tram Theatinerstraße | Au-Haidhausen | ꕤ b2*

45 STROM

Der Strom-Club vibriert wie zu seinen besten Tagen, vor allem mit Konzerten aus dem Independent- und Popbe-

Schick gemacht: Im Nationaltheater findet große Oper nicht nur auf der Bühne statt

reich. Am Wochenende wird noch eins draufgesetzt: Dann sind nach den Bühnenshows DJs am Start. Immer häufiger gibt es auch Partys. *Tgl. | Lindwurmstr. 88 | Tel. 089 24 20 57 11 | strom-muc.de | U 3/6 Poccistraße | Ludwigsvorstadt | 🕮 F9*

47 NEUE THEATERFABRIK

Der Münchner Hallenkönig Wolfgang Nöth, 2021 verstorben, hatte die Theaterfabrik eröffnet – nun führt Tochter Laila sein Erbe fort. Auf dem Gelände einer ehemaligen Holzhandlung bieten zwei Hallen viel Platz für Events.

Leuchtturm-Theater: Im Resi geht manchem Zuschauer ein Lichtlein auf

46 SUBSTANZ

Münchens ältester After-Wiesn-Partyspot mit Livemusik: Während in der Anfangszeit vor über 30 Jahren noch Grunge- und Hardcorebands den Ton angaben, werden jetzt eher Indie-Töne angeschlagen (übrigens auch im hauseigenen Internetradio *substanzfm.com)*, Lesungen mit Kultcharakter veranstaltet oder legen Stand-Up-Comedians einen Boxenstopp ein. Auch die DJs lassen's gern krachen, während schräg gegenüber am Kickertisch hart gerungen wird. *Tgl. | Rupertstr. 28 | Tel. 089 7 21 27 49 | substanz-club.de | U 3/6 Poccistraße | Ludwigsvorstadt | 🕮 F9*

Halle 1 ist regelmäßig Veranstaltungsort für Independent-Konzerte. *Tgl. | Musenbergstr. 40 | theaterfabrik-muc.de | S 8 Johanneskirchen | Johanneskirchen | 🕮 O2*

48 VOGLER

Nette Jazzkneipe in Gärtnerplatznähe. Hier spielen zwar eher selten die ganz Großen, dafür lokale Helden wie z. B. Joe Kienemann oder Ecco di Lorenzo. Der günstige Eintrittspreis wird übrigens am Ende des Abends auf die Rechnung draufgeschlagen. *So/Mo geschl. | Rumfordstr. 17 | Tel. 089 29 46 62 | jazzbar-vogler.com | S-Bahnhof Isartor | Glockenbach | 🕮 c4*

THEATER

49 CUVILLIÉS-THEATER ★

Eine Perle des höfischen Rokoko – und eine Rekonstruktion, denn das ursprüngliche Residenztheater wurde im Zweiten Weltkrieg zerstört. Das Original war Schauplatz prunkvoller Operninszenierungen, 1781 fand hier z. B. die Uraufführung von Mozarts „Idomeneo" statt. Im prächtigen Nachbau wird in rot-goldenem Dekor etabliertes Erfolgstheater gespielt. *Residenzstr. 1 | Tel. 089 21 85 19 40 | residenztheater.de | Tram 19 Nationaltheater | Altstadt | c–d2*

50 DEUTSCHES THEATER

Das technisch aufgerüstete und optisch verschönerte Deutsche Theater bietet eine breite Palette an Events: vom Faschingsball über Operetten und Musicals bis zum Liedermacherkonzert und Comedy-Abend. *Schwanthalerstr. 13 | Tel. 089 55 23 44 44 | deutsches-theater.de | U/S-Bahnhof Karlsplatz | Altstadt | G7*

51 GOP VARIETÉ-THEATER

Alle drei Monate wechselt das Programm mit Akrobaten und Comedians. Mit einem begleitenden Menü kannst du den Abend zur Dinnershow ausbauen. *Maximilianstr. 47 | Tel. 089 2 10 28 84 44 | variete.de/muenchen | Tram Maxmonument | Lehel | K7*

52 MÜNCHNER KAMMERSPIELE (SCHAUSPIELHAUS)

Der Jugendstilbau ist seit 1926 die Heimat einer der besten deutschen Sprechbühnen und sieht sich heute als „Stadttheater neuen Typs". Die nicht immer ganz leicht zugänglichen Stücke sind etwas für experimentierfreudige Theaterfans.

INSIDER-TIPP: Großes Tamtam im Kämmerlein

Bei so viel kulturellem Anspruch darf auch mal getanzt werden, z.B. bei den Events des Partykollektivs Tam Tam. Tagesprogramm checken! *Maximilianstr. 28 | Tel. 089 23 39 66 00 | muenchner-kammerspiele.de | Tram Kammerspiele | Altstadt | d2–3*

53 RESIDENZTHEATER

Von Einheimischen liebevoll „Resi" genannt und nicht mehr aus der Kulturlandschaft wegzudenken, werden hier vor allem Neuinszenierungen von Klassikern, aber auch spektakuläre Erstaufführungen beklatscht. Zum Ensemble gehören Stars wie Sibylle Canonica und Juliane Köhler. *Max-Joseph-Platz 1 | Tel. 089 21 85 01 | residenztheater.de | Tram Nationaltheater | Altstadt | c2*

54 VOLKSTHEATER

Seit dem Umzug weht im Münchner Volkstheater ein ganz anderer Wind. Der viel großzügigere, rote Backstein-Neubau im Schlachthofviertel bietet Intendant Christian Stückl und seinem Ensemble viel Platz, um sich richtig auszutoben.

INSIDER-TIPP: Köstlich und koscher

Im zugehörigen Restaurant *Schmock* heißt es Bühne frei für israelisch-arabische Küche. *Tumblingerstr. 29 | Tel. 089 5 23 46 55 | muenchner-volkstheater.de | U 3/6 Poccistraße | Ludwigsvorstadt | G9*

AKTIV & ENTSPANNT

Kletterpartie auf einer Architekturikone: Zeltdachtour im Olympiapark

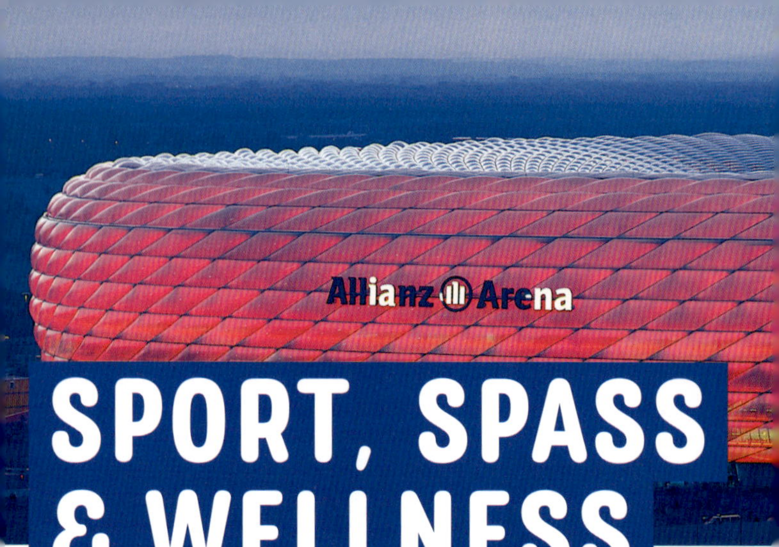

SPORT, SPASS & WELLNESS

ABENTEUER & ACTION

Wahre Experten in Sachen Abenteuer sind die Jungs und Mädels in der *Jochen-Schweizer-Arena* in Taufkirchen vor den Toren Münchens *(Mi–So 9–22 Uhr | Ludwig-Bölkow-Allee 1 | jochen-schweizer-arena.de | Bus X200, 210 Hugo-Junkers-Straße | F0)*. Sie lassen dich nicht nur durch die Luft schweben wie James Bond beim Bodyflying *(ab 69,90 Euro/2 Min.)*, sondern locken dich auch mit einem wilden Ritt auf der künstlichen Indoor-Welle *(ab 79,90 Euro)*. Wenn du eher der Indiana-Jones-Typ bist und von Dächern springen möchtest, solltest du einen Stopp im *Olympiapark (Spiridon-Louis-Ring | U 3 Olympiazentrum | olympiapark.de | F–G 2–3)* einlegen. Bei der *Zeltdachtour mit Flying Fox (Termine auf der Homepage | Dauer 90–120 Min. | 88 Euro, Kinder 10–15 J. 73 Euro)* gilt es zuerst die Zeltkonstruktion in schwindelerregender Höhe zu erklimmen, um sich dann per Flying Fox übers Stadion zu schwingen.

LAUFEN, SCHWIMMEN & KLETTERN

Die sandigen Pfade durch den Englischen Garten und die Isarauen sind bevorzugtes Terrain für Läufer. Suchst du Anschluss an Gleichgesinnte, ist der kostenlose *Mobil-Krankenkasse-Lauftreff (Di 18 Uhr | Treffpunkt: HVB-Club | Am Eisbach 5 | mobil-krankenkasse.de | Bus 54 Tucherpark | K8)* die passende Alternative. Als Abkühlung empfiehlt sich ein Sprung in die kalte Isar, den reißenden Eisbach oder Münchens schönstes Freibad, das *Naturbad Maria Einsiedel (Mai–Sept. Mo–Do ab 10 Uhr, Fr–So ab 9 Uhr, an heißen Tagen bis 20 Uhr | Zentralländstr. 28 | 5,50 Euro, Kinder bis 11 J. frei | swm.de | U 3 Thalkirchen | F12)*. Mitten durch die Anla-

Er hat ein knallrotes Gummiboot: Der FC Bayern spielt in der Allianz-Arena

ge fließt der Isarkanal. Das 50 m lange Naturbecken ist mit biologisch gereinigtem Wasser gefüllt.

INSIDER-TIPP
Der frühe Vogel fängt …

Frühmorgens, direkt nach der Öffnung, schwimmt es sich am schönsten, noch ganz ohne Menschenmassen. Nur einen kleinen Fußmarsch (1,5 km) entfernt, liegt etwas versteckt das *DAV-Kletter- und Boulderzentrum Süd (Mo–Fr 7–23, Sa/So 8–23 Uhr | 21,50 Euro | Thalkirchner Str. 207 | kbthalkirchen.de | U 3 Brudermühlstraße oder Thalkirchen | F11)*, eine der größten Kletter- und Boulderanlagen der Welt.

BALLSPORT ZUSCHAUEN

Die „Blauen" nehmen zwar für sich in Anspruch, „Münchens große Liebe" zu sein, die „Roten" sind aber erfolgreicher und haben die größere Fangemeinde. Die *Allianz-Arena* (s. S. 65), Heimstätte des FC Bayern München, ist stets ausverkauft. Auch beim *Training* lassen sich die Bayern-Stars zuschauen, natürlich ohne Eintritt *(Säbener Str. 51–56 | fcbayern.com | H12)*. Der TSV 1860 München kickt im *Grünwalder Stadion (Grünwalder Str. 2–4 | tsv1860.de | U 1 Wettersteinplatz | H–J10)* und füllt es bis auf den letzten Platz. Nicht minder spannend sind die Puckjäger vom EHC Red Bull München *(redbullmuenchen.de)*, die ab April 2024 nicht mehr im Olympia-Eisstadion spielen, sondern im neuen *SAP Garden (Toni-Merkens-Weg 4 | Tram 20/21 Olympiapark West | E3)*. Dort brillieren ab Frühjahr 2024 auch die FC-Bayern-Basketballer. Bis dahin sind sie noch im *Audi Dome (Grasweg 74 | audidome.de | U 6 Westpark, Bus 63 Siegenburger Straße | D9)* zugange. Eins haben alle gemeinsam: Bei Meistertiteln wird zum Rathausempfang und zur Präsentation auf den Balkon geladen.

FESTE & EVENTS

JANUAR/FEBRUAR

Fasching *(muenchen.de/veranstaltungen/fasching.html)*: Die heiße Phase, der Endspurt des Münchner Faschings, dauert gerade mal sechs Tage, aber von Weiberfasching bis Faschingsdienstag ist dafür einiges geboten. Höhepunkt: der Tanz der Marktweiber am Faschingsdienstag auf dem Viktualienmarkt.

MÄRZ/APRIL

Krimifestival *(krimifestival-muenchen.de):* Im Frühjahr und noch einmal im Herbst strömen Krimiautoren aus aller Welt zu Lesungen an „Tatorten" wie dem Polizeipräsidium.

St. Patrick's Day München *(stpatricksday.de):* Weit über 20 000 Menschen säumen rund um den 17. März Leopold- und Ludwigstraße sowie den Wittelsbacher- und Odeonsplatz, wenn die größte St.-Patrick's-Day-Parade auf dem europäischen Festland durch die City zieht. Danach: Party ohne Ende mit Livebands.

Starkbierzeit: Zwei Wochen nach Aschermittwoch bis Ostern, weil 1651 die Paulaner Mönche beschlossen, dass Fasten mit Bier besser geht. Seitdem braut jede große bayerische Brauerei ihren eigenen Doppelbock. Legendär: der Salvator auf dem Nockherberg *(paulaner-nockherberg.com/starkbierfest),* wo einst alles begann.

Ostereiersuchen im Tierpark *(hellabrunn.de)* am Ostersonntag und -montag

Frühlingsfest *(fruehlingsfest-muenchen.bayern/frühlingsfest-münchen)*: Die kleine Schwester des Oktoberfestes wird immer beliebter, Theresienwiese, Ende April

APRIL/JULI/OKTOBER

Auer Dult *(auerdult.de):* Eine Mischung aus Kirmes, Trödel- und Haushaltswarenmarkt, dreimal im Jahr für

Berührungsängste darfst du nicht haben im Bierzelt beim Oktoberfest

je neun Tage auf dem Mariahilfplatz. Start: Sa vor dem 1. Mai, Sa nach Jakobi im Juli, 3. Sa im Oktober.

MAI

Dokumentarfilmfestival *(St.-Jakobs-Platz 1 | dokfest-muenchen.de):* Eine Woche ist das Filmmuseum im Münchner Stadtmuseum Austragungsort des renommierten Festivals.

JUNI–AUGUST

Opernfestspiele *(Bayerische Staatsoper | Tel. 089 21 85 19 20 | staatsoper.de/opernfestspiele)* im Juni und Juli: Der Vorverkauf beginnt Ende Januar!
Tollwood-Sommerfestival *(Karten: Tel. 089 3 83 85 00 | tollwood.de):* drei Wochen im Juni und Juli auf dem Olympiagelände Süd. Musik- und Theaterveranstaltungen
Münchner Filmfest *(Karten: filmfest-muenchen.de)* im Juni und Juli: Deutschlands größtes Sommer-Filmfestival. Regisseure aus aller Welt zeigen neue Filmtrends. Abends Partys mit Prominenz
impark Sommerfestival *(impark.de):* Im August einer der Höhepunkte der Open-Air-Saison – mit Livekonzerten und Fahrgeschäften im Olympiapark. Eintritt frei!

SEPTEMBER/OKTOBER

★ **Oktoberfest** *(oktoberfest.de):* Über drei Wochenenden: Das weltgrößte Volksfest ist ein Bier- und Schaustellerfest durch und durch. Am ersten Samstag um 12 Uhr gibt es den traditionellen Anstich im Schottenhamel-Zelt durch den OB. Am Tag darauf findet ein großer Trachtenumzug statt.

NOVEMBER/DEZEMBER

Tollwood-Winterfestival *(tollwood.de):* Münchens schönster Weihnachtsmarkt, auf der Theresienwiese mit Kulturprogramm (bis 31. Dez.)

SCHÖNER SCHLAFEN

EINE NACHT IM MUSEUM
Direkt vom riesigen Bett kannst du morgens in die Monsterbadewanne steigen. Ausgediente Vinyl-Schallplatten mutieren zu einer Art Wandtapete, die Lobby entpuppt sich als Schlaraffenland mit Süßigkeiten. Wo du auch hinschaust, sitzt oder trinkst, im *Roomers Munich (280 Zi. | Landsbergerstr. 68 | Tel. 089 4 52 20 20 | roomers-hotels.com | Tram Schrenkstraße | €€ | Schwanthalerhöhe | F7)* fühlst du dich wie in einem Museum für moderne Kust. Dazu passen das Restaurant *Izakaya* mit moderner japanisch-peruanischer Crossoverküche und die coole *Roomers Bar* mit ihren genialen Cocktailkreationen.

HITCHCOCK LÄSST GRÜSSEN
Mitten im umtriebigen Hofbräuhausviertel liegt das nostalgische Hotel *Lux (17 Zi. | Ledererstr. 13 | Tel. 089 45 20 73 00 | hotel-lux-muenchen.de | U/S Bahnhof Marienplatz | €€€ | Altstadt-Lehel | c3)*. Sein 70er-Jahre-Charme macht auch vor der Lobby-Bar nicht halt: rotsamtener Plüsch so weit das Auge reicht. Kleine erhöhte Nischen mit eigener Schampusklingel, wohlig-warme Atmosphäre und ein Service, der weiß, wie man seine Gäste verwöhnt. Wer keine Angst vor Albträumen à la Hollywood hat, checkt im *Birdroom* ein – das Schlafgemach ist übersät von schwarzen Raben.

AUFWACHEN MIT ALPENBLICK
Von außen wirkt das *Flushing Meadows Hotel & Bar (13 Zi. | Fraunhoferstr. 32 | Tel. 089 55 27 91 70 | flushing meadowshotel.com | U 1/2 Fraunhoferstraße | €€ | Isarvorstadt | H8)* im Glockenbachviertel ganz unscheinbar – aber drinnen! Ganz oben darfst du im Penthouse mit atemberaubendem Alpenblick und Südterrasse die Bettruhe genießen. Die stylishen Lofts

Wo sind hier die Süßigkeiten versteckt? Lobby im Roomers Munich

sind individuell entworfen von Promis wie Fanta-4-Hip-Hopper Michi Beck oder Barlegende Charles Schumann. Kult: die Rooftop-Bar.

WENN EICHENDIELEN KNARZEN

Du bist ein hoffnungloser Romantiker? Dann buche ein Zimmer im *Mariandl (28 Zi. | Goethestr. 51 | Tel. 089 5 52 91 00 | mariandl.com | U 3/6 Goetheplatz | € | Isarvorstadt | G8).* Wie es sich für ein denkmalgeschütztes Belle-Époque-Hotel von 1900 gehört, findest du zwar reichlich Marmor und Stuck, aber weder Aufzug noch Flachbild-TV – und manche Zimmer haben Bad und Toilette auf dem Gang.

VOLL AUF ÖKO

Die eigens fürs Hotel entworfenen Möbel sind durchweg aus Naturhölzern, die Baumwollbettwäsche ist handgenäht, Eichenholzparkett ziert die Böden, Jura-Naturstein die Bäder. Das *Cortiina (35 Zi. | Ledererstr. 8 | Tel. 089 2 42 24 90 | cortiina.com | U/S-Bahnhof Marienplatz | €€€ | Altstadt-Lehel | c3)* ist ein Vorreiter in Sachen Nachhaltigkeit. Ein Muss: die spritzig-frische *Grapes Weinbar*. Frühbucherrabatt bis zu 20 Prozent.

FÜR FC-BAYERN-FANS

Für auswärtige Fans des FC Bayern mit gut gefülltem Geldbeutel ist das *Do & Co Hotel (31 Zi. | Filserbräugasse 1 | Tel. 089 63 31 37 80 | docohotel.com/munich | U/S-Bahnhof Marienplatz | €€€ | Altstadt-Lehel | c3)* das höchste der Gefühle. Denn es ist gewissermaßen eingebettet in die FC Bayern World (den offiziellen Flagship-Store des Fußball-Rekordmeisters) gleich an der Frauenkirche, also auch noch megazentral gelegen. Ein Restaurant und ein Bistro mit mediterraner Küche im Haus lassen auch kulinarisch kaum einen Wunsch offen.

ERLEBNIS TOUREN

Lust, die einzigartigen Facetten der Stadt zu entdecken? Dann sind die Erlebnistouren genau das Richtige für dich! Ganz einfach wird es mit der MARCO POLO Touren-App: Die Tour über den QR-Code aufs Smartphone laden – und auch offline die perfekte Orientierung haben.

Ja-Markt: Bei der Auer Dult hebst du dreimal im Jahr so richtig ab

Einfach QR-Code scannen und alle Karten & Infos zu unseren Touren auch unterwegs parat haben!

go.marcopolo.de/mue

DIE ERLEBNISTOUREN IM ÜBERBLICK

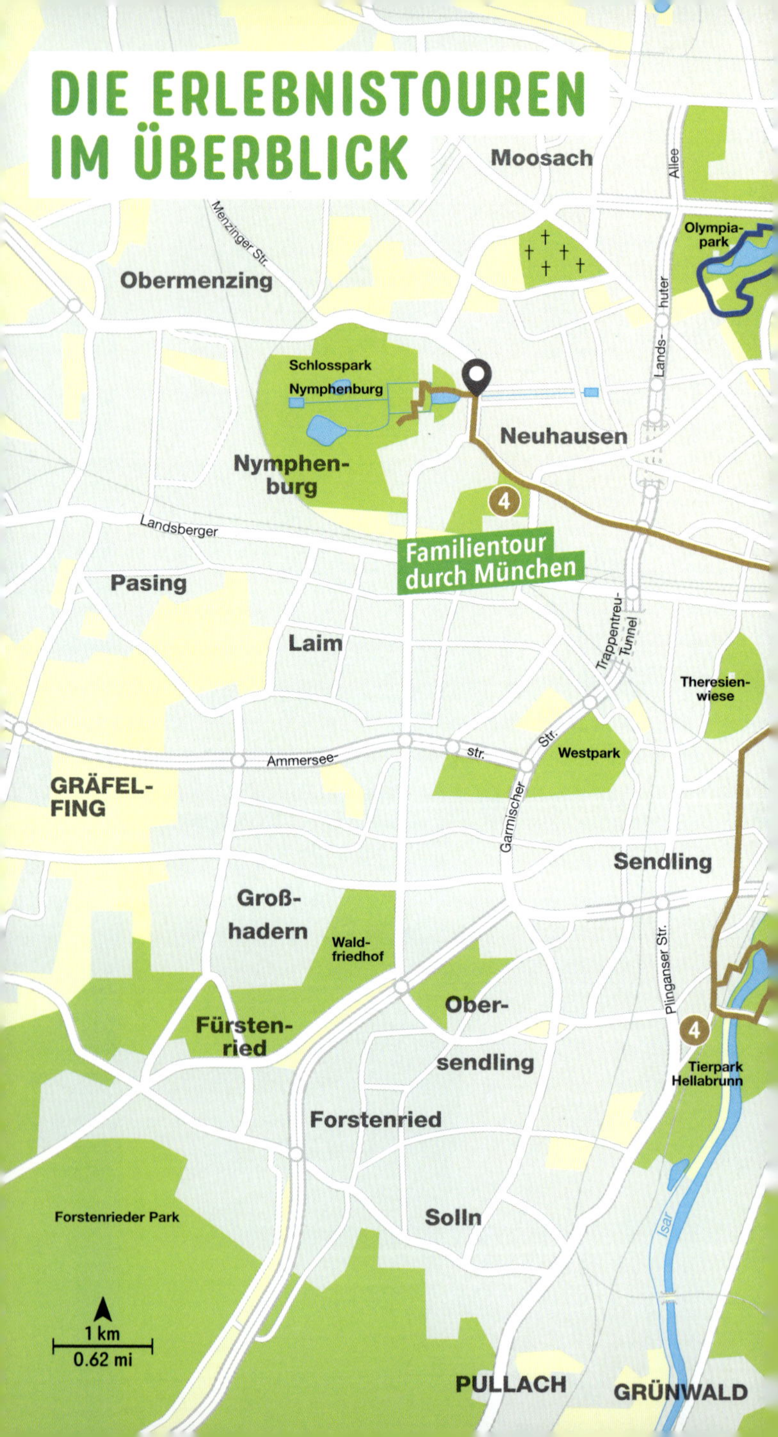

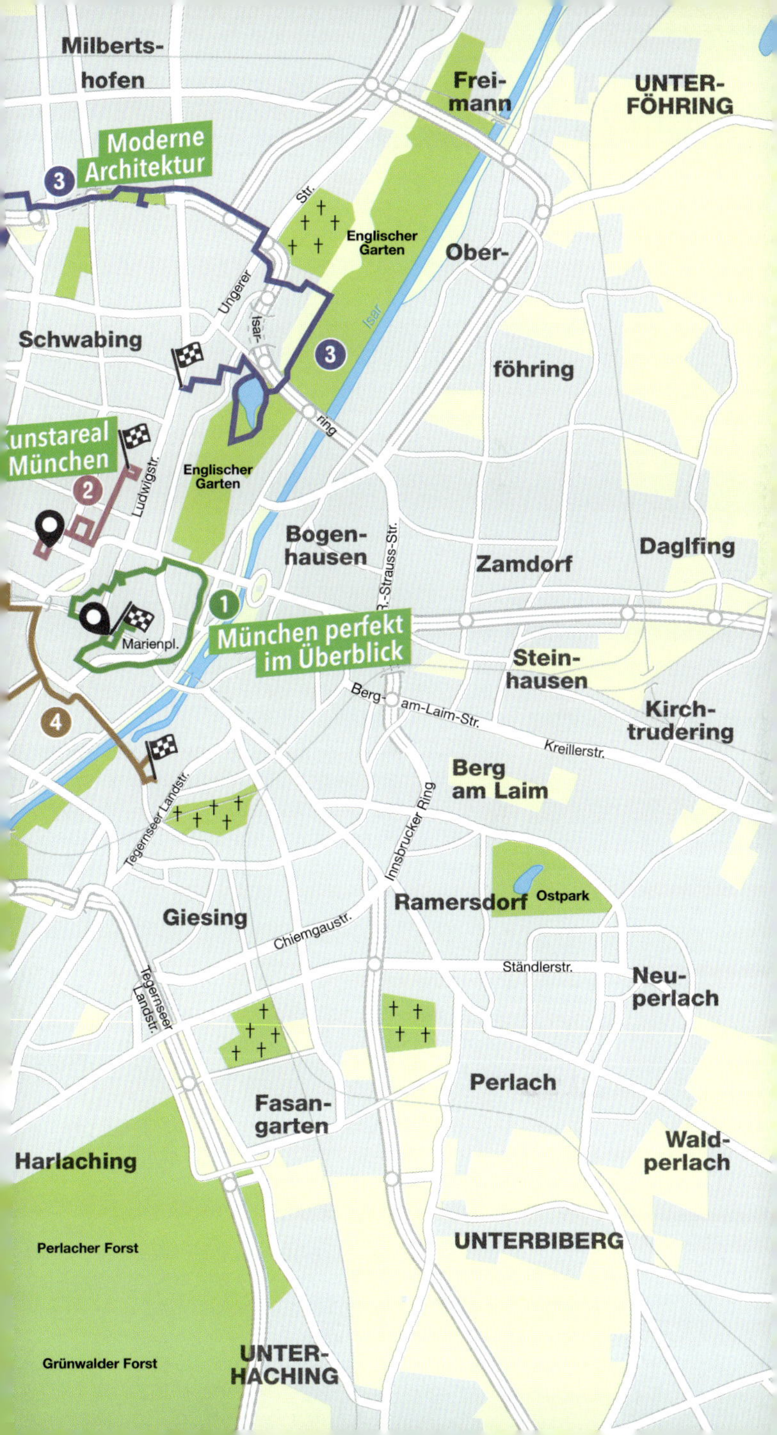

Milbertshofen
Moderne Architektur
3
Freimann
UNTERFÖHRING
Englischer Garten
Ungerer Str.
Oberföhring
Schwabing
Isar
Isarring
3
Kunstareal München
2
Ludwigstr.
Englischer Garten
Bogenhausen
R.-Strauss-Str.
Zamdorf
Daglfing
1
München perfekt im Überblick
Marienpl.
Steinhausen
Berg-am-Laim-Str.
Kirchtrudering
4
Kreillerstr.
Berg am Laim
Tegernseer Landstr.
Innsbrucker Ring
Ramersdorf
Ostpark
Giesing
Chiemgaustr.
Ständlerstr.
Neuperlach
Tegernseer Landstr.
Perlach
Fasangarten
Harlaching
Waldperlach
UNTERBIBERG
Perlacher Forst
Grünwalder Forst
UNTERHACHING

1 MÜNCHEN PERFEKT IM ÜBERBLICK

- Dem Alten Peter aufs Dach steigen
- Komm, lass uns Wellenreiter sehen
- In München steht ein Hofbräuhaus

Start: Marienplatz
Ziel: Marienplatz
Strecke: 6 km
Dauer: 1 Tag, reine Gehzeit 1 ½ Stunden

Info: 5 **Frauenkirche:** Der fertig renovierte Südturm ist wieder geöffnet. Ticket: 7,50 Euro, Kinder 7–16 J. 5,50 Euro.

1 Marienplatz
2 Viktualienmarkt
3 Peterskirche
4 Mariensäule

SAFT UND BREZN AUF DEM VIKTUALIENMARKT

Los geht's am 1 Marienplatz ➤ S. 30. Der Morgensonne entgegen Richtung Osten, befindet sich das nur unwesentlich tiefer liegende Tal. *An der ersten Kreuzung siehst du schon zur Rechten den* 2 Viktualienmarkt ➤ S. 91. Die Händler haben ihre taufrische Ware schon appetitlich hindrapiert, doch noch herrscht Ruhe vor dem Sturm. Also erst mal über den Markt schlendern und sich einen frisch gepressten Fruchtsaft im Saftladen und eine ofenwarme Brezn bei Karnoll's gönnen.

RAUF AUF DEN TURM!

Gestärkt geht's wieder zurück Richtung Marienplatz. *Auf halbem Weg liegt schon der Petersplatz*, der zur 3 Peterskirche ➤ S. 32 führt, auch „Alter Peter" genannt – Münchens älteste Kirche. 306 Stufen führen auf den Turm. Was für ein herrlicher Blick auf das erwachende Treiben in der Stadt!

ERST NACH OBEN SCHAUEN, DANN NACH UNTEN

Auf dem Marienplatz stellst du dich am besten an die 4 Mariensäule ➤ S. 30 – ein guter Platz, um sich für das Glockenspiel um 11 Uhr zu positionieren. Das

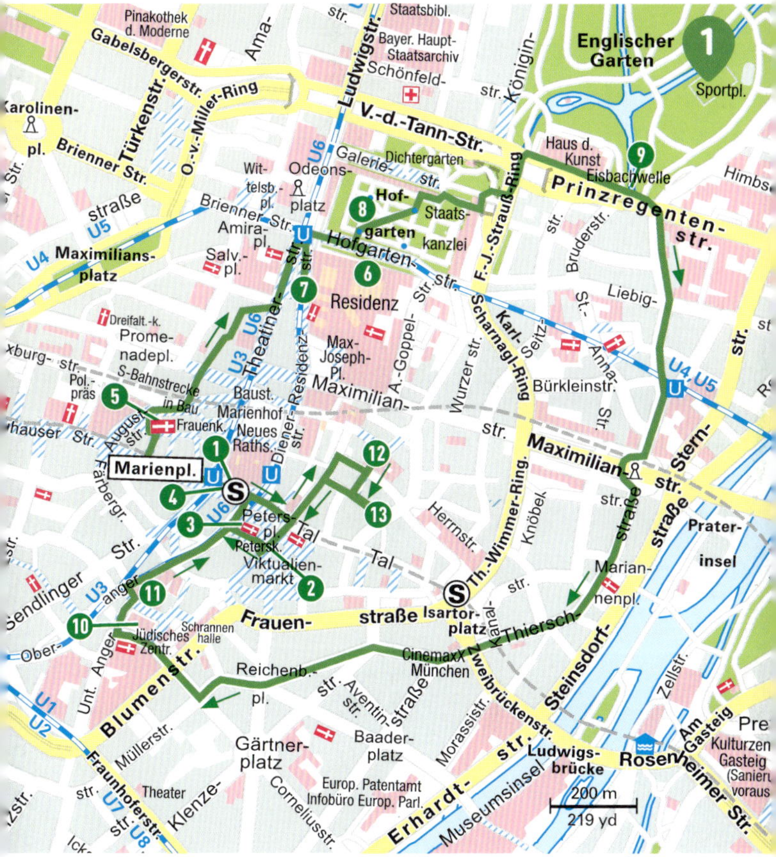

Spektakel dauert 15 Minuten und endet unter Umständen mit Halsstarre, ganz sicher aber mit dem Auftritt des goldenen Vogels, der dreimal zirpt. Im Anschluss *spazierst du Richtung Westen in die Kaufingerstraße bis zur Liebfrauenstraße, die nach etwa 200 m rechts abgeht*. Hier steht das Wahrzeichen Münchens: die **❺ Frauenkirche** ➤ S. 32. Wer mag, kann noch mal Treppen steigen und den südlichen der Zwiebeltürme erklimmen. Bodenständiger? Dann reicht ein Blick auf den Teufelstritt am Boden der Eingangshalle. Hinter dem Chor führen Treppen hinab zur Fürstengruft, wo viele Wittelsbacher bestattet wurden.

❺ Frauenkirche

❻ Residenz

GOLDSCHATZ UND WELLENREITER

Nächstes Ziel ist die ❻ **Residenz** ➤ S. 37. *Auf der Rückseite der Frauenkirche hinter der angrenzenden Häuserreihe liegt die Theatinerstraße. Die gehst du hoch bis hinauf zum Odeonsplatz,* und schon siehst du die Residenz rechter Hand vor dir. Besonders spannend: die Schatzkammer, die vor lauter Juwelen, Goldschmiedearbeiten und Kristallschmuck nur so überquillt.

❼ Frank Weinbar

❽ Hofgarten

❾ Eisbachwelle

Hunger? Dann ab zum Lunchen und fränkische Spezialitäten kosten in der ❼ **Frank Weinbar** *(So geschl. | Residenzstr. 1 | Tel. 089 23 23 74 92 | frank-weinbar.com | €€).* Ein kleiner Verdauungsspaziergang führt danach durch den ❽ **Hofgarten** ➤ S. 35 *vorbei am Haus der Kunst* ➤ S. 41 zur berühmten ❾ **Eisbachwelle** ➤ S. 43 am Rande des Englischen Gartens ➤ S. 42. Wahnsinn, wie sich die waghalsigen Surfer dort über Wasser halten können! Genug gestaunt, *nun steigst du an der Haltestelle Nationalmuseum in die Tram und fährst gemütlich bis zum Reichenbachplatz. Du folgst der Straßenbahn noch etwas und gehst dann in die Corneliusstraße rechts hinein, die direkt zum Sankt-Jakobs-Platz führt.* Auf dem interessant gestalteten Areal befinden sich das ❿ **Jüdische Museum** ➤ S. 38 und das ⓫ **Münchner Stadtmuseum** ➤ S. 38. Beide zeigen spannende Aspekte der Münchner Stadtgeschichte.

❿ Jüdisches Museum

⓫ Münchner Stadtmuseum

BAYERISCHES BIER, ITALIENISCHER WEIN

Nach dem Museumsbesuch *läufst du wieder Richtung Zentrum, querst den Viktualienmarkt und das Tal und hältst dich dann Richtung Platzl.* Dort geht es im weltberühmten ⓬ **Hofbräuhaus** ➤ S. 82 laut und zünftig zu. Wer's ruhiger mag, geht ins Bräustüberl im 1. Stock. Hier schmeckt der Schweinsbraten zu einer Maß Bier genauso gut, und du triffst auch viele Münchner. Noch ein Absacker gefällig? In der ⓭ **Bar Centrale** *(tgl. | Ledererstr. 23 | bar-centrale.com | €€)* gibt's richtig gute italienische Weine. Um zurück zum ❶ **Marienplatz** ➤ S. 30 zu kommen, läufst du anschließend beschwingt *die Hochbrückenstraße ein paar Meter Richtung Tal, biegst rechts ab* – und schon befindest du dich wieder am Startpunkt der Tour.

⓬ Hofbräuhaus

⓭ Bar Centrale

❶ Marienplatz

2 KUNSTAREAL MÜNCHEN

- „Isar-Athen" hautnah spüren
- Erfrischungen an einem ausrangierten Waggon
- Die Pinakotheken erkunden

Königsplatz

Mary's Coffee Club

3 km

1 Tag, reine Gehzeit 1 Stunde

Kosten: 36,80 Euro/Person (Tageskarte MVG, Eintritt für fünf Museen unter der Woche)

1 Königsplatz

2 Glyptothek

3 Lenbachhaus

MUSEALE MEISTERWERKE BEWUNDERN

Der Spaziergang beginnt am 1 Königsplatz ➤ S. 44. Hier lässt sich auf einen Blick erkennen, wie das München zu Zeiten von König Ludwig I. zu seinem Zweitnamen „Isar-Athen" gekommen ist. Mach's dir erst mal gemütlich auf den Treppen der 2 Glyptothek ➤ S. 45, und lass den Blick entspannt schweifen: Gegenüber liegen die Antikensammlungen mit ihren korinthischen Säulen, zur Rechten die Propyläen mit ihren dorischen Säulen – und das gelblich schimmernde Lenbachhaus. Sieht interessant aus, oder?

Zünftig: Blasmusi, Bier und bayerische Schmankerln im Hofbräuhaus

Also nichts wie rüber zum 3 Lenbachhaus ➤ S. 45 und erst mal auf der wunderbaren Terrasse des Café Ella *(Mo geschl. | Luisenstr. 33 | ellalenbachhaus.com | €€)* ein Frühstück ordern. Anschließend solltest du auf jeden Fall auch das dazugehörige Museum aufsuchen und dir die Meisterwerke der expressionistischen Künstlergruppe „Der Blaue Reiter" im Lenbachhaus ansehen.

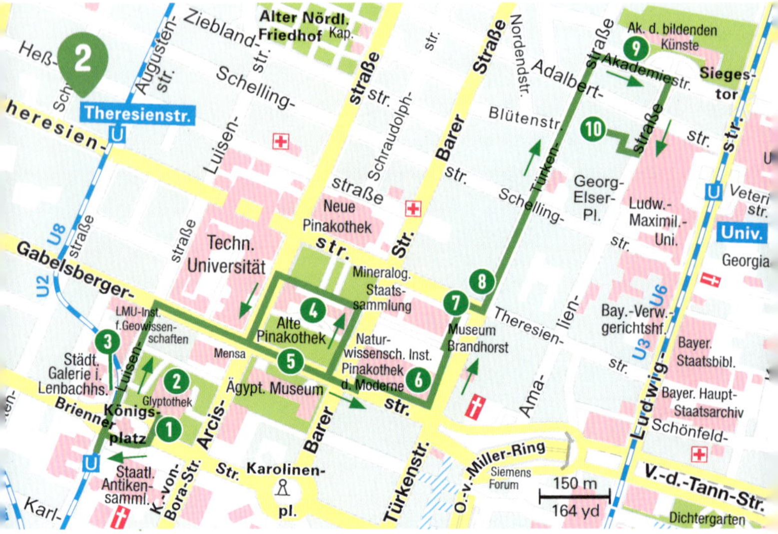

REMBRANDT UND RUBENS GUCKEN

Nach diesem Kunst-Appetizer geht's gleich weiter mit Bilderschauen. *Dafür steigst du am Königsplatz in den Museumsbus 100 und fährst zwei Stationen bis zur Haltestelle „Pinakotheken".* Hier liegen gleich mehrere reizvolle Museen in Laufweite. Unbedingt einen Besuch wert ist die ❹ **Alte Pinakothek** ➤ S. 47 mit ihrer großen Sammlung alter Meister von Raffael über Rembrandt bis Rubens.

❹ Alte Pinakothek

ERST AUSTOBEN, DANN AUF DER WIESE CHILLEN

INSIDER-TIPP
Sporteln vor dem Kunstpalast

Nach so viel Kunst ist dir nach einer Runde Austoben? Kein Problem! Im Sommer wird auf den Rasenflächen vor der Alten Pinakothek gern Volleyball gespielt. Du kannst eine Runde mitbaggern und -pritschen, oder du ruhst dich ein wenig auf der Wiese aus. Die Getränkeversorgung ist auch gesichert, denn gleich auf der anderen Straßenseite lockt der ausrangierte Schienenbus der ❺ **Minna Thiel** *(Mo/Di geschl. | Gabelsbergerstr. 1 | minnathiel.de | €)* mit Containerbar und Food-Truck.

❺ Minna Thiel

AB IN DIE MODERNE

Gut erholt und gestärkt, *läufst du anschließend Richtung Osten die Gabelsbergerstraße entlang* auf die **6 Pinakothek der Moderne** ➤ S. 48 zu. In dem imposanten Gebäude warten moderne Kunst und Designobjekte auf dich. Ebenfalls ein Hingucker mit seiner kunterbunten Fassade ist das benachbarte **7 Museum Brandhorst** ➤ S. 48. In dessen raffiniert konzipierten Ausstellungsräumen sorgen die Werke von Warhol, Twombly, Hirst und Co. für viel Augenschmaus. Dem Ausgang direkt gegenüber liegt das **8 Eiscafé Ballabeni** *(März–Okt. tgl. | Theresienstr. 46 | ballabeni.de)* – sein köstliches Mango-Sorbet hat Kultstatus.

6 Pinakothek der Moderne

7 Museum Brandhorst

8 Eiscafé Ballabeni

BUMMEL DURCHS UNIVIERTEL

Nach dieser Riesenportion Kunst und dem eisigen Snack kannst du es ruhiger angehen lassen und das Flair des Univiertels genießen. Dazu musst du nur *die Türkenstraße in Richtung Norden gehen*. Zahlreiche Modeboutiquen, Shops mit allerlei Nippes sowie Cafés und Bars im Shabby-Chic-Stil locken auf beiden Straßenseiten zum Schaufensterbummel und zur Einkehr. So ganz war's das aber noch nicht mit der Kunst. *An der Ecke Akademiestraße* stößt du auf die **9 Akademie der Bildenden Künste** *(Altbau: Mo–Fr 9–21, Sa/So 12–21 Uhr, Neubau: Mo–Fr 8–20 Uhr | Akademiestr. 2–4 | adbk.de)*. Mit dem palastartigen Altbau kontrastiert der moderne Trakt, den das Avantgarde-Architekturstudio Coop Himmelb(l)au entworfen hat.

9 Akademie der Bildenden Künste

DIE KUNST DES MÜSSIGGANGS

Zu guter Letzt *gehst du die Akademiestraße entlang, und biegst rechts in die Amalienstraße ein*. Auch hier gibt's einige nette Shops und Cafés zu entdecken. Etwas versteckt in der Amalienpassage liegt **10 Mary's Coffee Club** *(Tgl. | Türkenstr. 86a | Tel. 089 2 00 07 74 10 | maryscoffeeclub.com | €)*, wo du die Tour durchs Kunstareal München angenehm ausklingen lassen kannst. Gönn dir auf der großen Terrasse mit Sonnensegel noch einen Cosmo Spritz mit Prosecco, Cranberry-Limo und Rosmarin.

INSIDER-TIPP
Cosmisch erfrischt

10 Mary's Coffee Club

❸ MODERNE ARCHITEKTUR

- Übers Zeltdach im Olympiastadion spazieren
- In Münchens höchstgelegenem Biergarten ein Radler trinken
- Kühne Architektenträume bewundern

Olympiazentrum

Münchner Freiheit

9,5 km

7 Stunden,
reine Fahrzeit 1 Stunde

Mieträder bekommst du bei **MVG Rad** ► S. 138.
❸ Olympiastadion: Besichtigung je nach Saison erst ab 12 Uhr, für die Zeltdachtour unbedingt vorher anmelden *(touren-olympiapark.de)*!

❶ Olympiazentrum

❷ Olympiaturm

❸ Olympiastadion

❹ Olympiaberg

OLYMPIAREIF RADELN UND ABSEILEN

Unsere Radtour startet an der U-Bahn-Haltestelle ❶ Olympiazentrum auf der Rückseite der BMW-Welt, rechter Hand ist schon das Olympiagelände zu sehen. Orientier dich am besten am ❷ Olympiaturm ► S. 63, und radle auf ihn zu. Die 70er-Jahre-Ikone wird ab 2024 saniert und du kannst für eine ganze Weile nicht zur Aussichtsplattform hinauffahren. *Daher radelst du weiter am See entlang und den Hügel hinauf* zur Olympia- und Schwimmhalle, bis das ❸ Olympiastadion ► S. 63 vor dir auftaucht. Wer sich vorher angemeldet hat, kann das Stadion nicht nur anschauen, sondern professionell gesichert übers berühmte Zeltdach spazieren *(ab 45 Euro)* und sich anschließend abseilen oder mit dem Flying Fox, einer Seilrutsche, zu Boden schweben. Ein echtes Erlebnis! Weiter geht es *am Seeufer entlang über eine kleine Brücke zum Fuß des* ❹ Olympiabergs ► S. 63. Jetzt ist ein wenig Sportsgeist gefragt: 56 m Höhenunterschied bis zum Gipfel sind zu überwinden. Dafür locken ein toller Blick und die erste Pausenstation, die Olympia-Alm *(tgl. | Martin-Luther-King-Weg 8 | Tel. 089 3 00 99 24 | olympiaalm.de | €)*. So ein süffiges Radler ist jetzt genau das Richtige im höchstgelegenen Biergarten der Stadt.

AUF ZUR AUTO-ARCHITEKTUR

Anschließend geht's *den Berg hinunter in Richtung Osten und vor zur Lerchenauer Straße, wo du nach links abbiegst*. Vor dir liegt das größte vierblättrige Kleeblatt der Welt, das ⑤ **BMW-Hochhaus**. Der Sitz der Konzernverwaltung wurde ebenfalls im Olympiajahr 1972 erbaut und erinnert mit seiner Architektur an einen Vierzylindermotor. Auf der anderen Straßenseite lockt die futuristische ⑥ **BMW-Welt** ➤ S. 61. Für das Erlebniscenter unterm geschwungenen Dach aus Stahl und Glas und das ⑦ **BMW-Museum** ➤ S. 62 gegenüber solltest du ein bisschen Zeit mitbringen.

⑤ BMW-Hochhaus

⑥ BMW-Welt

⑦ BMW-Museum

PAUSE IM PARK

Danach heißt es: Aufsitzen, *links dem Petuelring folgen und dann die Schleißheimer Straße überqueren*. Du näherst dich nun dem Petuelpark, der ab der Belgradstraße beginnt. In der Mitte der langgezogenen Grünanlage siehst du schon von Weitem den hellen Kubus des ⑧ **Café Ludwig** *(Mo geschl. | Klopstockstr. 10 | Tel. 089 32 21 17 66 | cafe-ludwig.net | €€)*. Hier gibt es recht preisgünstiges Mittagessen und leckere hausgemachte Limonade.

⑧ Café Ludwig

Nackenstarregefahr! Hoch sind die Highlight Towers wirklich, aber ein Highlight?

SPEKTAKULÄRER SKYSCRAPER

❾ Highlight Towers

Anschließend geht's *weiter in Richtung Osten, bis zum Parkende an der Leopoldstraße. Nun fährst du am besten auf dem Fahrradweg parallel zur Schenkendorfstraße, nach 200 m erreichst du eine Trambahnbrücke,* die auch Fußgänger und Fahrradfahrer benutzen können. *Hier wechselst du die Straßenseite und näherst dich über die Anni-Albers-Straße* den 113 und 126 m hohen **❾ Highlight Towers** **➤ S. 51** mit ihren abgeschrägten Dächern und den beiden Verbindungsbrücken. Mit der Kamera nach oben zielend, gelingen hier spektakuläre Skyscraper-Selfies.

BIERGARTENRUHE UND TRETBOOTFAHREN

Jetzt steht das längste Teilstück der Tour an, das aber auch viel Grün mit sich bringt. *Hinter den Highlight Towers an der Walter-Gropius-Straße gibt es einen Weg, der unter der Autobahn durchführt und dann parallel zur Schenkendorfstraße bis zur Ungererstraße führt. Hier rechts abbiegen Richtung Innenstadt und der Ungererstraße bis zur Luxemburger Straße folgen, die du dann nimmst, bis du auf eine Grünanlage stößt. An dieser Stelle beginnt ein Fahrradweg mit einer Brücke über den Mittleren Ring, der in die Amsterdamer Straße mündet. Nach wenigen Metern stößt du auf die Osterwaldstraße. Rechts abbiegen und der Straße bis zu einer Unterführung folgen*, die dich in den ⑩ **Englischen Garten** ➤ S. 42 führt. Hier *umrundest du den vor dir liegenden Kleinhesseloher See an der Ostseite*. Nach einer Erfrischungspause im Biergarten ⑪ **Seehaus** ➤ S. 70 macht eine kleine Ruderpartie oder eine Runde mit dem Tretboot Spaß. Genug geradelt? Zur nächsten U-Bahn-Station geht es *auf der anderen Seeseite über die Mandl- und Feilitzschstraße. Der folgst du bis zum westlichen Ende*, wo die ⑫ **Münchner Freiheit** ➤ S. 50 mit dem grünweißen Zeltdach und dem darunter befindlichen U-Bahn-Eingang liegt.

⑩ Englischer Garten

⑪ Seehaus

⑫ Münchner Freiheit

4 FAMILIENTOUR DURCH MÜNCHEN

- ➤ Dem berühmten Braunbär Bruno in die Augen schauen
- ➤ An der Isar entspannen
- ➤ Die „Villa Dracula" besuchen

Tramstation Schloss Nymphenburg

Paulaner am Nockherberg

16 km, davon 5 km zu Fuß

1 Tag, reine Gehzeit 1 ½ Stunden

Wer die Tram ab Hauptbahnhof zum Startpunkt nimmt, bekommt eine kostengünstige Sightseeingtour Richtung Münchner Westen (Dauer ca. 20 Min.).
② **Schlosskanal:** Enten und Schwäne dürfen nicht gefüttert werden.

BESUCH BEI ENTEN UND RIESENKRABBEN

Von der ① **Tramstation Schloss Nymphenburg** aus *spazierst du*, das Schloss Nymphenburg ➤ S. 57 im Blick, *rechter Hand am bezaubernden* ② **Schlosskanal** ➤ S. 56 *entlang Richtung Schloss* – vorbei an Enten und Schwänen. Im Winter kannst du auf dem gefrorenen Kanal Schlittschuh laufen, im Sommer kurz mal

① Tramstation Schloss Nymphenburg

② Schlosskanal

Ein Prosit auf die Gemütlichkeit: Spaß für die ganze Familie am Isar-Kiesstrand Flaucher

❸ Museum Mensch und Natur

❹ Nymphenburger Schlosspark

❺ CaféBar Limulus

❻ Tierpark Hellabrunn

die Füße ins Nass halten. *Halte dich anschließend rechts, nach wenigen hundert Metern stehst du schon vorm* **❸ Museum Mensch und Natur** ➤ S. 58. Hier gibt es Spannendes für Kids zu sehen: vom kleinen Käfer, der mit dem Mikroskop erkundet werden kann, über die gespenstische Riesenkrabbe bis zum durch die Medien gegangenen, ausgestopften „Problembären" Bruno. Im Anschluss *streifst du noch durch den elegant angelegten* **❹ Nymphenburger Schlosspark** und schaust dir die vielen tierischen Parkbewohner und das kleine Jagdschlösschen **Amalienburg** an.

BUCHSTABENSUPPE UND EISBÄREN

Zurück beim Museum Mensch und Natur, tischt die **❺ CaféBar Limulus** *(Mo geschl. | Tel. 089 17 11 97 91 | cafebar-limulus.de | €)* leichte Mittagsgerichte für Groß und Klein auf. Die leckere Tagespasta hat noch jedem Kind geschmeckt. Danach geht es in den Süden der Stadt, in den Zoo. *Zu Fuß läufst du zurück zur Tramstation Schloss Nymphenburg und fährst bis zum Sendlinger Tor. Dort steigst du um in die U-Bahnlinie 3 bis Thalkirchen. Am U-Bahn-Ausgang links halten, über die Brücke gehen, und schon bist du am Zooeingang.* Im **❻ Tierpark Hellabrunn** ➤ S. 61 sind die Eisbären richtige Stars. Mutige Kinder laufen zur „Villa Dracula" – dort flattern Fledermäuse herum. An Schlechtwettertagen ist es im Dschungelhaus kuschelig.

AM KIESSTRAND UND IM KARUSSELL

Irgendwann hat das tierische Vergnügen ein Ende. *Du läufst zurück Richtung Brücke und* gehst zum idyllischen Isar-Kiesstrand **7 Flaucher ➤ S. 61** hinunter, wirfst ein paar Steine ins Wasser und beobachtest Fische. Danach *fährst du mit der U 3 zurück zum Sendlinger Tor und steigst in die Tram.* Bis zur Haltestelle Mariahilfplatz bekommst du so ganz nebenbei eine schöne Stadttour Richtung Osten. Der **8 Mariahilfplatz** ist Heimat der **Auer Dult ➤ S. 116**. Dreimal im Jahr steigt dieser große Jahrmarkt mit Karussells und Ständen, die auch Sammler und Raritätenjäger glücklich machen. Danach geht's zu Fuß auf den Nockherberg mit dem Traditionswirtshaus **9 Paulaner am Nockherberg ➤ S. 70**. Während die Großen sich bei einem frisch gezapften Bier aus der Hausbrauerei entspannen, toben die Kleinen auf dem Spielplatz und durch den großen Biergarten. Und die ganze Familie genießt den Blick über die Dächer von München.

7 Flaucher

8 Mariahilfplatz

9 Paulaner am Nockherberg

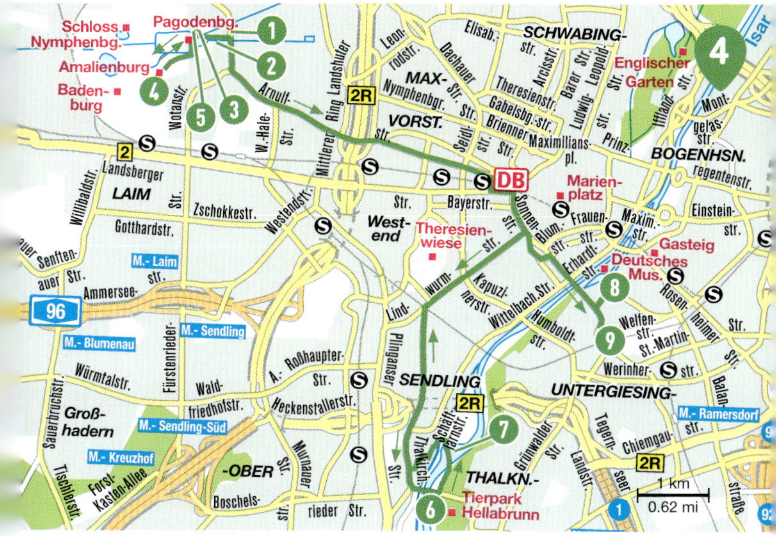

GUT ZU WISSEN

DIE BASICS FÜR DEINEN STÄDTETRIP

ANKOMMEN

AUTO

Die bayerische Landeshauptstadt ist bestens angebunden: Fünf Autobahnen führen direkt auf den Mittleren Ring (B 2 R). Entsprechend hoch ist das Verkehrsaufkommen, vor allem zur Rushhour. Achtung: Das Stadtgebiet innerhalb des Mittleren Rings und auch der Ring selbst sind Umweltzone, hier dürfen nur Autos mit grüner Plakette fahren. Du kannst sie online bestellen *(z. B. umwelt-plakette.org)*. Für Dieselfahrzeuge mit den Abgasnormen Euro 4 und schlechter gilt in der Umweltzone ein Fahrverbot. Weil auch der Innenstadtverkehr recht nervig sein kann, solltest du deinen Urlaub gleich so planen, dass du das Auto in der Hotelgarage stehen lässt und auf die öffentlichen Verkehrsmittel umsteigst. Falls du nur einen Kurztrip unternimmst, kannst du deinen Wagen auch am Stadtrand parken. Denn an den wichtigsten S- und U-Bahnhöfen befinden sich Park-&-Ride-Anlagen *(parkundride.de)*. An fünf Teststationen wird Park & Bike erprobt. Der Tagespreis für P & R liegt zwischen 0,50 und 1,50 Euro, je nach Station (Olympiazentrum teurer!). Weitere Infos zum Parken in München findest du unter *muenchen.de/verkehr/autos*.

BAHN

Der Hauptbahnhof ist Endpunkt der ICE-Strecken Hamburg – Berlin – München und (Hamburg) – Dortmund – Köln – Frankfurt – München sowie der IC-Strecke Karlsruhe – Stuttgart – München. Empfangsgebäude und Bahnhofsvorplatz werden gerade von Grund auf neu gestaltet; bis zum Abschluss der Bauarbeiten bieten sich die Vorstadtbahnhöfe Pasing und Ostbahnhof als Endstation an. So kannst

Stadtrundfahrt durch München: Der Marienplatz ist einer von vielen Stopps

du die Großbaustelle umgehen, hast aber trotzdem guten Anschluss an den ÖPNV. Praktisch: die DB-App samt Ticketservice. Auskunft: *Tel. 0180 6 99 66 33 (*) | bahn.de*

BUS

Busreisen, vor allem Städtetrips, sind dank Flixbus & Co. wieder interessant geworden. Dies hat auch der ZOB zu spüren bekommen, Münchens Zentraler Omnibusbahnhof *(muenchen-zob.de | Arnulfstr. 21 | G7)* an der S-Bahnstation Hackerbrücke. Hier geht es zu wie im Ameisenhaufen. Auch wenn Flixbus *(flixbus.de)* mittlerweile fast alle Konkurrenten geschluckt hat, sind die günstigen Preise geblieben – One-Way-Ticket von oder nach München: Frankfurt ab 14 Euro *(5–6 Std. Fahrzeit)*, Berlin ab 22 Euro *(8–9 Std.)*, Hamburg ab 25 Euro *(11–12 Std.)*. Über die App sind Buchungen auch noch in letzter Sekunde möglich.

FLUGZEUG

Der *Airport Franz-Josef-Strauß (MUC | munich-airport.de)* ist der zweitgrößte Flughafen Deutschlands und einer der besten Europas. Im Zentralbereich befindet sich die *Information (Tel. 089 9 75 00)*. Hier starten die S-Bahnlinien 1 (über den Münchner Westen) und 8 (über den Münchner Osten) im 10-Minuten-Takt, die Einzelfahrkarte kostet 14,80 Euro. Da lohnt sich womöglich das AirportPlus-Ticket für 16 Euro, das als Tageskarte für das gesamte MVV-Gebiet gilt. Ein Taxi vom Flughafen in die Innenstadt kostet ca. 90 Euro. Die Fahrt dauert etwa 40 Min., bei starkem Verkehr bis zu einer Stunde. Der *Lufthansa Express Bus (airport bus-muenchen.de)* verkehrt ca. alle 20 Min. zum Hauptbahnhof, die Fahrzeit beträgt ca. 45 Min. Online-Ticket: Einzelfahrt 11,50 Euro, Hin- und Rückfahrt 18,50 Euro, beim Busfahrer 12,50 bzw. 19,50 Euro.

MOBIL SEIN

CARSHARING & E-SCOOTER

In der Innenstadt erwarten dich Staus, Parkplatznot und absurd hohe Parkgebühren – wenn du trotzdem ein Auto brauchst, ist Carsharing eine sinnvolle und kostensparende Alternative. Bei *ShareNow (ab 9 Cent/Min. | share-now.com)* lassen sich online oder per App Fiats, Minis, BMWs, Citroëns und Peugeots mieten. Über die neue *App MVGO* der Münchner Verkehrsgesellschaft soll künftig auch Carsharing möglich sein. E-Scooter und E-Mopeds der Anbieter *Tier* und *Voi* kannst du jetzt schon darüber buchen. E-Mopeds verleiht auch *Emmy,* weitere E-Scooter-Anbieter sind *Bolt, Lime, Bird* und *Jawls*.

FAHRRAD

München hat sich selbst zur Radlhauptstadt erkoren und besitzt nicht nur ein gut ausgebautes Radwegenetz, sondern auch ein eigenes Mietradsystem. Nach Registrierung über die Smartphone-App *MVGO* kannst du an derzeit 320 Stationen die blauweißen *MVG-Räder (mvg.de)* mieten, Volljährigkeit vorausgesetzt. Kosten: ab 5 Cent/Min., Tagespreis maximal 12 Euro. Auch *DB Call a Bike (callabike.de/de/muenchen)* stellt in der ganzen Stadt verteilt ca. 2000 Räder bereit. Per App registrieren, die Freigabe erfolgt mit elektronischem Code. Mit dem Startertarif zahlst du 1 Euro für 15 Min. und maximal 9 Euro pro Tag. *Radius Tours (April–Okt. tgl. 9.30–19 Uhr | Radverleih ab 5 Euro pro Stunde, ab 18 Euro pro Tag | im Hauptbahnhof gegenüber Gleis 32 | Tel. 089 54 34 87 77 30 | radiustours.com | 🕮 G7)* verleiht Räder und organisiert geführte Touren. *Pedalhelden (Di–Sa 9–16 Uhr | Marsstr. 11 | Tel. 089 51 61 99 11 | pedalhelden.de | 🕮 G7)* ist die Spaßfraktion in Sachen Fahrrad: Hier gibt's Conference Bikes für sieben Personen und Rikscha-Mobile, im Winter mit Glühwein. Am Marienplatz *(🕮 H–J7)* starten Touren mit *Rikscha-Guides (tgl. 10–18 Uhr | 1 Std. für 2 Pers. 65 Euro, 2 Std. 120 Euro | rikschaguide.com)* durch die Altstadt und den Englischen Garten.

ÖFFENTLICHE VERKEHRSMITTEL

Im öffentlichen Nahverkehr sind die Grenzen der Belastung ausgereizt. Darum wird nun überall wie wild gebaut. Ob 2. Stammstrecke, Ring-S-Bahn (noch in der Traumphase), Knotenpunkte wie der Hauptbahnhof oder der Sendlinger-Tor-Platz – Baustellen dominieren noch auf Jahre das Stadtbild. Nur gut, dass zumindest die neue Tarifstruktur durchdacht ist. Das für Besucher empfehlenswerte Wochenticket für die Innenstadt (IsarCard) kostet 20,20 Euro.

Das MVV-Netz ist vom Zentrum bis zu den Verbundlandkreisen in sechs Zonen eingeteilt. Je mehr Zonen du bei einer Fahrt durchquerst, desto höher der Preis. Im Innenraum kostet eine Einzelkarte 3,70 Euro, eine Tageskarte 8,80 Euro und eine Gruppen-Tageskarte für bis zu fünf Personen 17 Euro. Kinder von 6 bis 14 Jahren zählen halb. Für Sehenswürdigkeiten außerhalb der Stadt gibt es auch Kombitickets, die Eintritt und Fahrt beinhalten – z. B. für einen Besuch der Therme Erding. Weitere Infos: *mvv-muenchen.de*. Im Marienplatz-Zwischengeschoss und im Hauptbahnhof-Zwischengeschoss am Abgang zur U1/2 befinden sich große MVG-Kundencenter *(Mo–Fr 8–20 Uhr, Sa 9–16 Uhr)*.

Von 7 bis 23 Uhr fahren U-Bahnen alle fünf bis zehn Minuten, davor oder danach alle 20 Minuten. Bei S-Bahnen ist der 20-Minuten-Takt der Normalfall. Von ca. 2 bis 4.30 Uhr sind die Bahnhöfe geschlossen. Dann verkehren Busse und Straßenbahnen der Nachtlinien (So–Do alle 60 Min., Fr/Sa alle 30 Min.). Fahrkartenautomaten gibt es an allen S- und U-Bahnhöfen sowie in Bussen und Straßenbahnen. Kartenzahlung ist meist genauso möglich wie die Zahlung per App.

TAXI

Der Grundpreis beträgt 5,50 Euro, der Kilometer kostet 2,30 Euro *(Tel. 089 2 16 10 | taxi-muenchen.com)*. Empfehlenswert: die App von Taxi Deutschland mit Fahrpreisberechnung und Buchungsfunktion.

VOR ORT

AUSKUNFT

Erster Ansprechpartner bei allen Fragen: die *Münchner Tourist Information* im Neuen Rathaus am Marienplatz *(Mo–Fr 10–18, Sa 9–17, So 10–14 Uhr | Tel. 089 23 39 65 00 | Marienplatz 8 | muenchen.travel | einfach-muenchen.de | H7)*. In der Nähe des Hauptbahnhofs gibt es eine Filiale *(Di–Sa 9–17 Uhr | Luisenstraße 1)*. Der *Infopoint (Di–Sa 9–17 Uhr | Tel. 089 21 01 40 50 | Alter Hof 1)* informiert über Museen und Schlösser in Bayern. Online findest du auf *in-muenchen.de, muenchen.de* und *muenchen-online.de* Infos über Konzerte, Kinos, Theater und Ausstellungen.

FUNDBÜROS

Nach im Stadtgebiet verlorenen Gegenständen kannst du im *Zentralen Fundbüro (Mo, Fr 7.30–12, Di 8.30–12, 14–18, Do 8.30–15 Uhr | Tel. 089 23 39 60 45 | Implerstr. 11)* fragen. Das *MVG-Fundbüro (Mo, Do 8.30–12, 14–18, Di/Mi, Fr 7.30–12 Uhr | Tel. 0800 3 44 22 66 00 | Elsenheimerstr. 61)* ist für Fundsachen zuständig, die in U-Bahn, Bus und Tram, in den U-Bahnhöfen und an den Haltestellen verloren wurden. Für S-Bahn, Züge und Bahnhof: *Fundstelle Hauptbahnhof (Mo/Di, Do/Fr 7.30–19, Mi 15–19, Sa/So 8–18 Uhr | Tel. 089 13 08 66 64 | Bahnhofshalle)*.

GRÜN & FAIR REISEN

Du willst beim Reisen deine CO_2-Bilanz im Hinterkopf behalten? Dann kannst du deine Emissionen kompensieren *(atmosfair.de; myclimate.org)*, deine Route umweltgerecht planen *(routerank.com)* oder auf Natur und Kultur *(gate-tourismus.de)* achten. Mehr über ökologischen Tourismus erfährst du hier: *oete.de* (europaweit); *germanwatch.org* (weltweit).

WAS KOSTET WIE VIEL?

Kaffee	3–4,50 Euro *für eine Tasse*
Bier	4,50–6 Euro *für eine Halbe*
Dirndl	ab 150 Euro *inkl. Schürze und Bluse*
Essen	ab 7 Euro *für ein Mittagessen*
Kinokarte	ab 8 Euro *je nach Tag und Kino*
U-Bahn	ab 3,70 Euro *für eine Einzelkarte*

GÄSTEKARTEN

Die *München Card* lockt mit Rabatten von bis zu 70 Prozent bei über 100 Angeboten. Der *München City Pass* gewährt freien Eintritt bei 45 Top-Attraktionen und Touren. Beide Pässe sind flexibel für ein bis fünf Tage buchbar, wahlweise mit und ohne ÖPNV. *München Card:* 1 Tag 5,90 Euro ohne ÖPNV, 16,90 Euro mit Tagesticket M-Zone. *München City Pass:* 1 Tag 29,90 Euro ohne ÖPNV, 39,90 Euro mit Tagesticket M-Zone. Infos und Buchung: *einfach-muenchen.de/gaestekarten.*

GEPÄCKAUFBEWAHRUNG

Am Haupt- und Ostbahnhof, am Bahnhof Pasing und am Flughafen kannst du dein Gepäck in Schließfächern lagern; die Allianz-Arena hat Aufbewahrungsstellen am Gästeeingang sowie an den Servicepoints 2 und 3. Bei Aufbewahrungsdiensten wie *Luggage Hero (luggagehero.com)* oder *Radical Storage (radicalstorage.com)* gibst du dein Gepäck in zertifizierten Hotels oder Geschäften ab.

POST

Die *Postfiliale im Alten Hof (Mo–Fr 10–18, Sa 9–13 Uhr | Eingang über Sparkassenstraße 6–7)* ist zentral gelegen und arbeitet noch mit eigenem Personal – inzwischen eine Rarität.

STADTRUNDFAHRTEN & -RUNDGÄNGE

Ob mit den roten Doppeldeckerbussen von *CitySightseeing München (citysightseeing-muenchen.de | Start am Bahnhofsvorplatz vor dem Elisenhof)* oder den blauen von *Sightseeing Gray Line (stadtrundfahrten-muenchen.de | Abfahrt Karlsplatz/Stachus, Sonnenstraße neben Hotel Buddy)* – für die ein- bis zweistündigen Hop-on-Hop-off-Stadtrundfahrten musst du mit 20 bis 35 Euro rechnen. Wer eine Fahrt mit den roten Doppeldeckerbussen online bucht, spart 10 Prozent. Touren zu Fuß und Themenführungen wie „Tatort München" oder die Viktualienmarkt-Probiertour mit Verkostung von bayerischen Schmankerln an diversen Ständen bietet der *Weis(s)e Stadtvogel München (stadtvogel.de).* Die *Munich Greeters (munichgreeter.de)* sind absolute Kenner der Stadt und Idealisten, die nicht einmal Geld für ihre Spaziergänge verlangen. Über München-Tourismus *(munich.travel)* sind eine Bier- und Brauereitour sowie Führungen durch Hofbräu-

INSIDER-TIPP
Standln, Trubel, Köstlichkeiten

haus und Großmarkthalle buchbar. Stadtteil- und Street-Art-Safaris organisiert *München Safari/Martin Arz (muenchen-safari.de)*. Bei der „Queen-Tour" von *MucTours (muctours.de)* folgst du den Spuren von Freddie Mercury, der sechs Jahre in München lebte. Die *Airport-Live-Tour (munich-airport.de)* bringt dich mitten ins Geschehen der Flughafenwelt. Auch interessant: mit dem Segway durch die City cruisen. Anbieter sind u. a. *Segway Tour München (seg-tour.de)* und *Fat Tire Tours (fattiretours.com/munich)*.

TICKETVERKAUF

Karten für begehrte Events sind häufig schnell ausverkauft – es empfiehlt sich, rechtzeitig zu buchen. Die wichtigste Ticketbörse mit mehreren Shops im Stadtgebiet (u. a. im Deutschen Theater und im Olympiapark) ist *München Ticket (muenchenticket.de)*.

TOILETTEN

Öffentliche Toiletten gibt es am Marienplatz im Zwischengeschoss der U/S-Bahn und im Innenhof des Neuen Rathauses, am Stachus im 2. UG in der Nähe der Bäckerei Rischart, im Hauptbahnhof am Aufgang von der S-Bahn zu den Zügen, im S-Bahnhof Isartor, im U-Bahnhof Odeonsplatz und oberirdisch am Sendlinger Tor.

NOTFÄLLE

NOTFALLNUMMERN

Polizei: *Tel. 1 10*, Polizeipräsidium: *089 2 91 00*, Feuerwehr: *1 12*, Notarzt: *1 12*, ärztlicher Bereitschaftsdienst: *089 1 16 1 17*, zahnärztlicher Notdienst: *089 7 23 30 93*, Krankentransport: *089 1 92 22*, Giftnotruf: *089 1 92 40*, Behördenhotline: *115*

WETTER IN MÜNCHEN

Hauptsaison
Nebensaison

	JAN.	FEB.	MÄRZ	APRIL	MAI	JUNI	JULI	AUG.	SEPT.	OKT.	NOV.	DEZ.
Tagestemperaturen	1°	3°	9°	14°	18°	21°	23°	23°	20°	13°	7°	2°
Nachttemperaturen	-6°	-5°	-2°	3°	7°	10°	12°	11°	8°	4°	0°	-4°
Sonnenschein Stunden/Tag	2	3	5	6	7	7	7	7	6	4	2	1
Niederschlag Tage/Monat	11	10	9	10	12	14	13	12	10	9	9	10

Sonnenschein Stunden/Tag   Niederschlag Tage/Monat

MÜNCHEN FEELING

ZUM EINSTIMMEN & AUSKLINGEN

LESESTOFF & FILMFUTTER

BELLA GERMANIA

Daniel Specks deutsch-italienische Familiengeschichte über drei Generationen ist ein Schmöker zum Verschlingen. Er steckt voller amüsanter Wendungen und bringt auf den Punkt, warum über die Alpen hinweg eine Seelenverwandtschaft besteht (2016).

MÜNCHENS BLAUE STUNDE

Der Fotograf Sigi Müller lag monatelang auf der Lauer, wenn die Nacht den Tag ablöst oder der Tag die Nacht, und zeigt München in seinem Bildband von seiner schönsten Seite im Licht der Dämmerung (2014).

KEEP SURFING

Preisgekrönter Dokumentarfilm von Bjoern Richie Lob über die schräge und höchst individuelle Surferszene am Eisbach im Englischen Garten – rasant geschnitten und ebenso unterhaltsam wie informativ (2009).

DAS PERFEKTE GEHEIMNIS

In der irrwitzigen Komödie mit Elyas M'Barek gerät ein Abendessen unter Freunden in einer Münchner Nobelwohnung völlig aus den Fugen. Handy-Kommunikation als offenes Buch für alle erweist sich als keine gute Spielidee (2019).

PLAYLIST QUERBEET

0:58

ISARMÄRCHEN – COCONAMI
Hommage an die Stadt, mit amüsanter Ukulele-Untermalung

WELLENREITEN '54 – SPORTFREUNDE STILLER
Idealer Titel der Münchner Fußballhymnen-Heroes zur Einstimmung auf die Eisbachsurfer

MUNICH – EDITORS
München spielt zwar nur im Titel mit, die Indie-Nummer der britischen Band ist trotzdem mitreißend.

U CAN DANCE – DJ HELL FEAT. BRYAN FERRY
Animierendes Warm-up für eine lange Partynacht, von Münchens Star-DJ und dem Pop-Dandy

DIE STADT GEHÖRT WIEDER MIR – FIVA
Münchens Vorzeigerapperin Nummer 1 erobert mit tollen Texten die Herzen ihrer Stadt.

Den Soundtrack zum Urlaub gibt's auf **Spotify** unter **MARCO POLO Munich**

Oder Code mit Spotify-App scannen

AB INS NETZ

MUCBOOK
Topaktuelles Blogger-Forum über Münchner Politik, Alltag und Kultur mit spannenden Artikeln und Tipps zum Ausgehen, Entdecken und Erleben von Nachwuchsjournalisten.

MUNICH – CITY OF MUSIC
Einen tollen Überblick über die Musikstadt München bietet diese Seite, von den nostalgisch machenden Zeiten in den 70er- und 80er-Jahren bis zu aktuellen Newcomern und Events. Hier lebt auch das alte Rockmuseum im Olympiaturm wieder auf.

HARRY G
Schau mal rein: Der politisch unkorrekt grantelnde Münchner Kabarettist Harry G (bürgerlich: Markus Stoll) schickt immer wieder urkomische Videos über die hiesige Lebensart in die Umlaufbahn.

S-BAHN MÜNCHEN MAGAZIN
Hier wimmelt es geradezu vor Ausflugstipps, die dazu einladen, auch mal über die Stadtgrenzen Münchens hinauszublicken und spannende Orte im Umland zu entdecken. Alles natürlich gut erreichbar mit der S-Bahn.

TRAVEL PURSUIT

DAS MARCO POLO URLAUBSQUIZ

Weißt du, wie München tickt? Teste hier dein Wissen über die kleinen Geheimnisse und Eigenheiten von Stadt und Leuten. Die Lösungen findest du in der Fußzeile. Und ganz ausführlich auf den S. 20–25.

❶ Welches Wetterphänomen bereitet nicht nur Münchnern mitunter Kopfschmerzen?
a) Nieselregen
b) Föhn
c) Sandsturm

❷ Welche herzhafte Münchner Spezialität sollte man eigentlich immer vor dem Zwölf-Uhr-Läuten essen?
a) Obatzda
b) Weißwurst
c) Leberkäs

❸ Welche Biergartentradition geht auf einen Erlass von König Ludwig I. zurück?
a) Selbstverpflegung
b) Stammtische
c) Maßkrug-Waschanlagen

❹ Was soll „Minga" bedeuten?
a) chinesische Dynastie
b) kurz für Mittelfinger
c) München auf niederbayerisch

❺ Wie hieß Uschi Glas als Halbblutindianerin in einem der Winnetou-Filme?
a) Hatschi
b) Quatschi
c) Apanatschi

Lösungen: 1b, 2b, 3a, 4c, 5c

Bei Föhn zum Greifen nah: die Alpen

HISTORY IS NOT THE PAST

Di–So
10–19 Uhr

Eintritt frei

NS-Dokumentationszentrum München
Max-Mannheimer-Platz 1
80333 München

#nsdoku @nsdoku

nsdoku.de

nsdoku münchen

REGISTER

LOB ODER KRITIK? WIR FREUEN UNS AUF DEINE NACHRICHT!

Trotz gründlicher Recherche schleichen sich manchmal Fehler ein. Wir hoffen, du hast Verständnis, dass der Verlag dafür keine Haftung übernehmen kann.

MARCO POLO Redaktion • MAIRDUMONT • Postfach 31 51
73751 Ostfildern • info@marcopolo.de

Impressum
Titelbild: Englischer Garten mit Blick zum Monopteros (huber-images: R. Schmid)
Fotos: W. Dieterich (71); DUMONT Bildarchiv: T. Linkel (109, 120/121, 136/137); Gekko Group (118/119); huber-images: C. Bäck (2/3), T. Bierbaum (132), M. Borchi (Klappe vorne außen, Klappe vorne innen, 1), R. Schmid (8, 12/13, 14/15, 26/27, 31, 36, 66/67, 72, 114/115); Laif: Back (78), D. Denger (22, 134), H.-B. Huber (75), T. Linkel (11, 50, 60), E. Rois & B. Stubenrauch (95), J. Schwarz (9, 54); Look: F. M. Frei (57, 96/97), R. Martini (144), A. Strauß (45), P. v. Felbert (59, 84/85, 107), F. Werner (6/7, 142/143), K. Wothe (33); Look/robertharding (63); mauritius images: W. Bibikow (81, 127), R. Gruber (49), H.-P. Merten (21), V. Preusser (82), U. Siebig (42/43), S. Vidler (46), J. Warburton-Lee (64), B. Wittelsbach (4); mauritius images/Alamy: J. Hinrichs (39); mauritius images/image/Broker: M. Brandl (112/113); mauritius images/imagebroker (40, 77); mauritius images/stage-art: C. Meder (116/117); mauritius images/STOCK4B (17); mauritius images/SZ Photo (10); mauritius images/SZ Photo Creative (24, 52, 92); picture alliance: J. Hoelzl (105); picture alliance/dpa: L. Mirgeler (102); picture alliance/SZ Photo: S. Rumpf (101); picture-alliance/SZ Photo: C. Hess (34); picture-alliance/Westend61 (110); shutterstock: FooTToo (91); T. Stankiewicz (89); A. Wulkow (147)

23., aktualisierte Auflage 2024

Autoren: Amadeus Danesitz, Karl Forster, Alex Wulkow, unter Mitarbeit von Birgit Ackermann
Redaktion: Anja Lehner
Bildredaktion: Susanne Mack
Kartografie: © KOMPASS-Karten GmbH, A-6020 Innsbruck unter Verwendung von Kartendaten: © MairDumont, D-73751 Ostfildern (S.122–123, 125, 128, 131, 135, Umschlag außen, Faltkarte); © Münchner Verkehrsverbund (Umschlag innen, Faltkarte); © KOMPASS-Karten GmbH, kompass.de unter Verwendung von © OpenStreetMap Contributors, osm.org/copyright (S. 28–29, 32, 41, 47, 51, 53, 58, 62, 68–69, 86–87, 98–99). Als touristischer Verlag stellen wir bei den Karten nur den De-facto-Stand dar. Dieser kann von der völkerrechtlichen Lage abweichen und ist völlig wertungsfrei.
Gestaltung Cover, Umschlag und Faltkartencover: bilekjaeger_Kreativagentur mit Zukunftswerkstatt, Stuttgart
Gestaltung Innenlayout: Langenstein Communication GmbH, Ludwigsburg
Konzept Coverlines: Jutta Metzler, bessere-texte.de
Printed in China

FSC www.fsc.org MIX Papier aus verantwortungsvollen Quellen FSC® C124385

MARCO POLO AUTOREN

BIRGIT ACKERMANN & ALEX WULKOW

Zwei waschechte Münchner, die ihre Stadt besser kennen als die eigene Westentasche. Viele gemeinsame Jahre in der Redaktion des Stadtmagazins „in münchen" haben sie in die verstecktesten Ecken der Isar-Metropole geführt. Bei der früheren SZ- und BR-Mitarbeiterin Birgit Ackermann und dem ehemaligen „Prinz"-Redakteur Alex Wulkow gehen Spitzen-Stadtkenntnisse und spitze Feder eine lesenswerte Liaison ein.